Nature

Die Natur

[Bilingual Edition]

English – German

by Ralph Waldo Emerson

Translated by Möwenstein

ISBN: 979-8-89513-020-9

Original text: *Nature* (1836) by Ralph Waldo Emerson (1803-1882)

This bilingual edition—including translation, editorial revisions, formatting, and supplementary content—is produced and edited by Mowenstein Books LLC, with the original text faithfully reproduced from public-domain sources.

While every effort has been made to ensure accuracy, minor discrepancies may occur. Readers are encouraged to consult the original text for reference.

Cover Art: Inspired by *Hustling Sunlight* by Matthew Bakkom (www.hustlingsunlight.xyz)

Möwenstein Books™ is a trademark of and imprint published by Mowenstein Books LLC.

For permissions or inquiries:

Website: mowenstein.com
Email: copyright@mowenstein.com

Mowenstein Books LLC
DE, USA

Contents

INTRODUCTION
EINFÜHRUNG

1.1 **OUR age is retrospective.**
UNSER Zeitalter ist rückwärtsgewandt.

1.2 **It builds the sepulchres of the fathers.**
Es baut die Gräber der Väter.

1.3 **It writes biographies, histories, and criticism.**
Es schreibt Biographien, Geschichten und Kritiken.

1.4 **The foregoing generations beheld God and nature face to face; we,**
Die vorangegangenen Generationen haben Gott und die Natur von Angesicht zu Angesicht gesehen,

1.5 **through their eyes.**
wir durch ihre Augen.

1.6 **Why should not we also enjoy an original relation to the universe?**
Warum sollten wir nicht auch eine ursprüngliche Beziehung zum Universum haben?

Why should not we have a poetry and philosophy of insight and not of tradition, and a religion by revelation to us, and not the history of theirs?

1.7

Warum sollten wir nicht eine Poesie und Philosophie der Einsicht und nicht der Tradition haben, und eine Religion, die uns offenbart wurde, und nicht die Geschichte der ihren?

Embosomed for a season in nature, whose floods of life stream around and through us, and invite us by the powers they supply, to action proportioned to nature, why should we grope among the dry bones of the past, or put the living generation into masquerade out of its faded wardrobe?

1.8

Warum sollten wir, die wir für eine gewisse Zeit in die Natur eingebettet sind, deren Lebensfluten uns umströmen und durchdringen und uns durch die von ihnen ausgehenden Kräfte zu einem der Natur angemessenen Handeln einladen, in den trockenen Gebeinen der Vergangenheit herumstochern oder die lebende Generation aus ihrer verblichenen Garderobe in eine Maskerade stecken?

The sun shines to-day also.

1.9

Die Sonne scheint auch heute.

There is more wool and flax in the fields.

1.10

Es gibt mehr Wolle und Flachs auf den Feldern.

There are new lands, new men, new thoughts.

1.11

Es gibt neue Länder, neue Menschen, neue Gedanken.

Let us demand our own works and laws and worship.

1.12

Lasst uns unsere eigenen Werke und Gesetze und unsere eigene Anbetung fordern.

2.1 Undoubtedly we have no questions to ask which are unanswerable.

Zweifellos haben wir keine Fragen zu stellen, die unbeantwortbar sind.

2.2 We must trust the perfection of the creation so far, as to believe that whatever curiosity the order of things has awakened in our minds, the order of things can satisfy.

Wir müssen der Vollkommenheit der Schöpfung so weit vertrauen, dass wir glauben, dass die Ordnung der Dinge jede Neugierde, die sie in unserem Geist geweckt hat, befriedigen kann.

2.3 Every man's condition is a solution in hieroglyphic to those inquiries he would put.

Der Zustand eines jeden Menschen ist eine Lösung in Hieroglyphen für die Fragen, die er stellen möchte.

2.4 He acts it as life, before he apprehends it as truth.

Er handelt sie als Leben, bevor er sie als Wahrheit begreift.

2.5 In like manner, nature is already, in its forms and tendencies, describing its own design.

In gleicher Weise beschreibt die Natur in ihren Formen und Tendenzen bereits ihren eigenen Entwurf.

2.6 Let us interrogate the great apparition,

Lasst uns die große Erscheinung befragen,

2.7 that shines so peacefully around us.

die so friedlich um uns herum leuchtet.

2.8 Let us inquire, to what end is nature?

Fragen wir uns: Wozu ist die Natur da?

All science has one aim, namely, to find a theory of nature. 3.1

Alle Wissenschaft hat ein Ziel, nämlich eine Theorie der Natur zu finden.

We have theories of races and of functions, 3.2

Wir haben Theorien der Rassen und der Funktionen,

but scarcely yet a remote approach to an idea of creation. 3.3

aber kaum noch eine entfernte Annäherung an eine Idee der Schöpfung.

We are now so far from the road to truth, that religious teachers dispute and hate each other, and speculative men are esteemed unsound and frivolous. 3.4

Wir sind jetzt so weit vom Weg zur Wahrheit entfernt, dass die Religionslehrer streiten und sich gegenseitig hassen und die Spekulanten als unvernünftig und leichtfertig angesehen werden.

But to a sound judgment, the most abstract truth is the most practical. 3.5

Aber für ein gesundes Urteil ist die abstrakteste Wahrheit die praktischste.

Whenever a true theory appears, 3.6

Wann immer eine wahre Theorie auftaucht,

it will be its own evidence. Its test is, 3.7

wird sie ihr eigener Beweis sein. Ihr Test ist,

that it will explain all phenomena. 3.8

dass sie alle Phänomene erklären kann.

3.9 **Now many are thought not only unexplained but inexplicable; as language, sleep, madness, dreams, beasts, sex.**

Nun gelten viele Phänomene nicht nur als unerklärt, sondern auch als unerklärlich, wie Sprache, Schlaf, Wahnsinn, Träume, Tiere, Geschlecht.

4.1 **Philosophically considered,**

Philosophisch betrachtet,

4.2 **the universe is composed of Nature and the Soul.**

besteht das Universum aus der Natur und der Seele.

4.3 **Strictly speaking, therefore, all that is separate from us, all which Philosophy distinguishes as the NOT ME, that is, both nature and art, all other men and my own body, must be ranked under this name, NATURE.**

Streng genommen muss also alles, was von uns getrennt ist, alles, was die Philosophie als das NICHT-ICH bezeichnet, d.h. sowohl die Natur als auch die Kunst, alle anderen Menschen und mein eigener Körper, unter diesem Namen NATUR eingeordnet werden.

4.4 **In enumerating the values of nature and casting up their sum,**

Wenn ich die Werte der Natur aufzähle und ihre Summe zusammenfasse,

4.5 **I shall use the word in both senses; — in its common and in its philosophical import.**

werde ich das Wort in beiden Bedeutungen verwenden: in seiner allgemeinen und in seiner philosophischen Bedeutung.

In inquiries so general as our present one, the inaccuracy is not material;   4.6

Bei einer so allgemeinen Untersuchung wie der unsrigen ist die Ungenauigkeit nicht von Bedeutung;

no confusion of thought will occur.   4.7

es wird keine Verwirrung der Gedanken auftreten.

Nature, in the common sense, refers to essences unchanged by man; space, the air, the river, the leaf.   4.8

Die Natur im gewöhnlichen Sinne bezieht sich auf die vom Menschen unveränderten Wesenheiten: den Raum, die Luft, den Fluss, das Blatt.

Art is applied to the mixture of his will with the same things, as in a house, a canal, a statue, a picture.   4.9

Die Kunst wird auf die Vermischung seines Willens mit denselben Dingen angewandt, wie in einem Haus, einem Kanal, einer Statue, einem Bild.

But his operations taken together are so insignificant, a little chipping, baking, patching, and washing, that in an impression so grand as that of the world on the human mind, they do not vary the result.   4.10

Aber seine Operationen sind zusammengenommen so unbedeutend, ein wenig Hacken, Backen, Flicken und Waschen, dass sie bei einem so großartigen Eindruck wie dem der Welt auf den menschlichen Geist das Ergebnis nicht verändern.

CHAPTER I.

KAPITEL I.

1.1 **TO go into solitude,**
Um sich in die Einsamkeit zu begeben,

1.2 **a man needs to retire as much from his chamber as from society.**
muss sich ein Mensch sowohl aus seiner Kammer als auch aus der Gesellschaft zurückziehen.

1.3 **I am not solitary whilst I read and write, though nobody is with me.**
Ich bin nicht einsam, wenn ich lese und schreibe, auch wenn niemand bei mir ist.

1.4 **But if a man would be alone,**
Aber wenn ein Mensch allein sein will,

1.5 **let him look at the stars.**
soll er die Sterne betrachten.

1.6 **The rays that come from those heavenly worlds, will separate between him and what he touches.**
Die Strahlen, die von diesen himmlischen Welten kommen, werden zwischen ihm und dem, was er berührt, trennen.

One might think the atmosphere was made transparent with this design, to give man, in the heavenly bodies, the perpetual presence of the sublime.

Man könnte meinen, die Atmosphäre sei zu diesem Zweck durchsichtig gemacht worden, um dem Menschen in den Himmelskörpern die ständige Gegenwart des Erhabenen zu geben.

Seen in the streets of cities, how great they are!

Wenn man die Straßen der Städte betrachtet, wie groß sind sie!

If the stars should appear one night in a thousand years, how would men believe and adore; and preserve for many generations the remembrance of the city of God which had been shown!

Wenn die Sterne in einer Nacht in tausend Jahren erscheinen würden, wie würden die Menschen glauben und anbeten, und für viele Generationen die Erinnerung an die Stadt Gottes bewahren, die sich gezeigt hat!

But every night come out these envoys of beauty, and light the universe with their admonishing smile.

Aber jede Nacht kommen diese Gesandten der Schönheit heraus und erleuchten das Universum mit ihrem mahnenden Lächeln.

The stars awaken a certain reverence, because though always present, they are inaccessible;

Die Sterne erwecken eine gewisse Ehrfurcht, weil sie zwar immer präsent, aber unzugänglich sind;

but all natural objects make a kindred impression,

aber alle natürlichen Objekte machen einen ähnlichen Eindruck,

2.3 **when the mind is open to their influence.**
wenn der Geist für ihren Einfluss offen ist.

2.4 **Nature never wears a mean appearance.**
Die Natur trägt nie ein schlechtes Gewand.

2.5 **Neither does the wisest man extort her secret,**
Auch der weiseste Mensch erpresst nicht ihr Geheimnis
und verliert nicht seine Neugierde,

2.6 **and lose his curiosity by finding out all her
perfection.**
wenn er ihre ganze Vollkommenheit herausfindet.

2.7 **Nature never became a toy to a wise spirit.**
Die Natur wurde nie ein Spielzeug für einen weisen Geist.

2.8 **The flowers, the animals, the mountains, reflected
the wisdom of his best hour, as much as they had
delighted the simplicity of his childhood.**
Die Blumen, die Tiere, die Berge spiegelten die Weisheit
seiner besten Stunde ebenso wider, wie sie die Einfachheit
seiner Kindheit erfreut hatten.

3.1 **When we speak of nature in this manner, we have a
distinct but most poetical sense in the mind.**
Wenn wir auf diese Weise von der Natur sprechen, haben
wir einen bestimmten, aber höchst poetischen Sinn vor
Augen.

3.2 **We mean the integrity of impression made by
manifold natural objects.**
Wir meinen die Integrität des Eindrucks, den die
vielfältigen natürlichen Objekte machen.

It is this which distinguishes the stick of timber of the wood-cutter,

3.3

Das ist es,

from the tree of the poet.

3.4

was den Holzstock des Holzfällers von dem Baum des Dichters unterscheidet.

The charming landscape which I saw this morning, is indubitably made up of some twenty or thirty farms.

3.5

Die reizvolle Landschaft, die ich heute Morgen sah, besteht zweifellos aus etwa zwanzig oder dreißig Bauernhöfen.

Miller owns this field, Locke that, and Manning the woodland beyond.

3.6

Miller gehört dieses Feld, Locke jenes, und Manning das Waldstück dahinter.

But none of them owns the landscape.

3.7

Aber keinem von ihnen gehört die Landschaft.

There is a property in the horizon which no man has but he whose eye can integrate all the parts, that is, the poet.

3.8

Es gibt einen Besitz am Horizont, den nur derjenige hat, dessen Auge alle Teile integrieren kann, nämlich der Dichter.

This is the best part of these men's farms,

3.9

Dies ist der beste Teil der Bauernhöfe dieser Männer,

yet to this their warranty-deeds give no title.

3.10

doch ihre Garantieurkunden geben darauf keinen Anspruch.

To speak truly,

4.1

Um ehrlich zu sein,

4.2 **few adult persons can see nature.**
können nur wenige erwachsene Menschen die Natur sehen.

4.3 **Most persons do not see the sun.**
Die meisten Menschen sehen die Sonne nicht.

4.4 **At least they have a very superficial seeing.**
Zumindest haben sie ein sehr oberflächliches Sehen.

4.5 **The sun illuminates only the eye of the man,**
Die Sonne beleuchtet nur das Auge des Menschen,

4.6 **but shines into the eye and the heart of the child.**
aber sie scheint in das Auge und in das Herz des Kindes.

4.7 **The lover of nature is he whose inward and outward senses are still truly adjusted to each other;**
Der Naturliebhaber ist derjenige, dessen innere und äußere Sinne noch wahrhaftig aufeinander abgestimmt sind;

4.8 **who has retained the spirit of infancy even into the era of manhood.**
der sich den Geist der Kindheit bis in die Zeit des Mannesalters bewahrt hat.

4.9 **His intercourse with heaven and earth, becomes part of his daily food.**
Der Umgang mit Himmel und Erde ist Teil seiner täglichen Nahrung.

4.10 **In the presence of nature, a wild delight runs through the man, in spite of real sorrows.**
In der Gegenwart der Natur durchströmt den Menschen eine wilde Freude, trotz der wirklichen Sorgen.

Nature says, — he is my creature, and maugre all his impertinent griefs, he shall be glad with me. 4.11

Die Natur sagt: "Er ist mein Geschöpf, und trotz all seines unverschämten Kummers soll er sich mit mir freuen.

Not the sun or the summer alone, 4.12

Nicht die Sonne oder der Sommer allein,

but every hour and season yields its tribute of delight; 4.13

sondern jede Stunde und jede Jahreszeit bringt ihren Tribut der Freude;

for every hour and change corresponds to and authorizes a different state of the mind, 4.14

denn jede Stunde und jeder Wechsel entspricht einem anderen Zustand des Gemüts und erlaubt ihn,

from breathless noon to grimmest midnight. 4.15

vom atemlosen Mittag bis zur grimmigsten Mitternacht.

Nature is a setting that fits equally well a comic or a mourning piece. 4.16

Die Natur ist ein Schauplatz, der ebenso gut zu einem komischen wie zu einem trauernden Stück passt.

In good health, the air is a cordial of incredible virtue. 4.17

Bei guter Gesundheit ist die Luft ein Herzmittel von unglaublicher Tugend.

Crossing a bare common, in snow puddles, at twilight, under a clouded sky, without having in my thoughts any occurrence of special good fortune, I have enjoyed a perfect exhilaration. 4.18

Beim Überqueren eines kahlen Weges, in Schneepfützen, in der Dämmerung, unter einem wolkenverhangenen Himmel, ohne an ein besonderes Glück zu denken, habe ich ein vollkommenes Hochgefühl erlebt.

4.19 **I am glad to the brink of fear.**
Ich bin froh bis an den Rand der Angst.

4.20 **In the woods too, a man casts off his years, as the snake his slough, and at what period soever of life, is always a child.**
Auch in den Wäldern wirft der Mensch seine Jahre ab wie die Schlange ihren Schlamm, und zu welcher Zeit des Lebens auch immer, er ist immer ein Kind.

4.21 **In the woods, is perpetual youth.**
In den Wäldern ist immerwährende Jugend.

4.22 **Within these plantations of God, a decorum and sanctity reign, a perennial festival is dressed, and the guest sees not how he should tire of them in a thousand years.**
In diesen Pflanzungen Gottes herrschen Anstand und Heiligkeit, ein immerwährendes Fest ist gekleidet, und der Gast sieht nicht, wie er in tausend Jahren ihrer müde werden sollte.

4.23 **In the woods, we return to reason and faith.**
In den Wäldern kehren wir zur Vernunft und zum Glauben zurück.

4.24 **There I feel that nothing can befall me in life, — no disgrace, no calamity, (leaving me my eyes,) which nature cannot repair.**
Dort fühle ich, dass mir im Leben nichts zustoßen kann, keine Schande, kein Unglück, das die Natur nicht wiedergutmachen kann.

Standing on the bare ground, — my head bathed by the blithe air, and uplifted into infinite space, — all mean egotism vanishes. 4.25

Wenn ich auf dem nackten Boden stehe, mein Kopf von der heiteren Luft umspült wird und ich mich in den unendlichen Raum erhebe, dann verschwindet jeder gemeine Egoismus.

I become a transparent eye-ball; I am nothing; 4.26

Ich werde zu einem durchsichtigen Augapfel; ich bin nichts;

I see all; 4.27

ich sehe alles;

the currents of the Universal Being circulate through me; 4.28

die Ströme des universellen Seins zirkulieren durch mich;

I am part or particle of God. 4.29

ich bin ein Teil oder ein Partikel von Gott.

The name of the nearest friend sounds then foreign and accidental: 4.30

Der Name des nächsten Freundes klingt dann fremd und zufällig:

to be brothers, to be acquaintances, — master or servant, is then a trifle and a disturbance. 4.31

Brüder zu sein, Bekannte zu sein, Meister oder Diener, ist dann eine Kleinigkeit und eine Störung.

I am the lover of uncontained and immortal beauty. 4.32

Ich bin der Liebhaber der unumschränkten und unsterblichen Schönheit.

4.33 **In the wilderness, I find something more dear and connate than in streets or villages.**

In der Wildnis finde ich etwas Lieblicheres und Vertrauteres als in Straßen oder Dörfern.

4.34 **In the tranquil landscape, and especially in the distant line of the horizon, man beholds somewhat as beautiful as his own nature.**

In der stillen Landschaft und besonders in der fernen Linie des Horizonts sieht der Mensch etwas, das so schön ist wie seine eigene Natur.

5.1 **The greatest delight which the fields and woods minister, is the suggestion of an occult relation between man and the vegetable.**

Das größte Vergnügen, das die Felder und Wälder bieten, ist die Suggestion einer okkulten Beziehung zwischen Mensch und Pflanze.

5.2 **I am not alone and unacknowledged. They nod to me,**

Ich bin nicht allein und unerkannt. Sie nicken mir zu,

5.3 **and I to them.**

und ich nicke ihnen zu.

5.4 **The waving of the boughs in the storm, is new to me and old.**

Das Wogen der Äste im Sturm ist neu und alt für mich.

5.5 **It takes me by surprise, and yet is not unknown.**

Es überrascht mich, und doch ist es nicht unbekannt.

Its effect is like that of a higher thought or a better emotion coming over me, when I deemed I was thinking justly or doing right.

5.6

Seine Wirkung ist wie die eines höheren Gedankens oder eines besseren Gefühls, das mich überkommt, wenn ich meinte, gerecht zu denken oder richtig zu handeln.

Yet it is certain that the power to produce this delight, does not reside in nature, but in man, or in a harmony of both.

6.1

Es ist jedoch sicher, dass die Kraft, dieses Vergnügen zu erzeugen, nicht in der Natur, sondern im Menschen oder in der Harmonie zwischen beiden liegt.

It is necessary to use these pleasures with great temperance.

6.2

Es ist notwendig, diese Vergnügungen mit großer Mäßigung zu benutzen.

For, nature is not always tricked in holiday attire, but the same scene which yesterday breathed perfume and glittered as for the frolic of the nymphs, is overspread with melancholy today.

6.3

Denn die Natur ist nicht immer in ein Festtagsgewand gekleidet, sondern dieselbe Szene, die gestern noch Parfüm atmete und glitzerte, als ob die Nymphen ausgelassen wären, ist heute mit Melancholie überzogen.

Nature always wears the colors of the spirit.

6.4

Die Natur trägt immer die Farben des Geistes.

To a man laboring under calamity, the heat of his own fire hath sadness in it.

6.5

Einem Menschen, der sich im Unglück abmüht, erscheint die Hitze seines eigenen Feuers mit Traurigkeit.

6.6 **Then, there is a kind of contempt of the landscape felt by him who has just lost by death a dear friend.**
Dann gibt es eine Art Verachtung für die Landschaft, die derjenige empfindet, der gerade einen lieben Freund durch den Tod verloren hat.

6.7 **The sky is less grand as it shuts down over less worth in the population.**
Der Himmel ist weniger großartig, wenn er sich über die weniger wertvollen Menschen senkt.

CHAPTER II - COMMODITY.

KAPITEL II - WARENKUNDE.

1.1 WHOEVER considers the final cause of the world, will discern a multitude of uses that result.
Wer die letzte Ursache der Welt betrachtet, wird eine Vielzahl von Nutzungen erkennen, die sich daraus ergeben.

1.2 They all admit of being thrown into one of the following classes; Commodity; Beauty; Language; and Discipline.
Sie alle lassen sich in eine der folgenden Klassen einordnen: Ware, Schönheit, Sprache und Disziplin.

2.1 Under the general name of Commodity,
Unter dem allgemeinen Namen "Ware" fasse ich alle Vorteile zusammen,

2.2 I rank all those advantages which our senses owe to nature.
die unsere Sinne der Natur verdanken.

2.3 This, of course, is a benefit which is temporary and mediate, not ultimate, like its service to the soul.
Dies ist natürlich ein vorübergehender und mittlerer Nutzen, nicht ein endgültiger, wie der Dienst an der Seele.

Yet although low, it is perfect in its kind, and is the   2.4
only use of nature which all men apprehend.
Doch obwohl niedrig, ist er in seiner Art vollkommen
und ist der einzige Nutzen der Natur, den alle Menschen
begreifen.

The misery of man appears like childish petulance,   2.5
when we explore the steady and prodigal provision
that has been made for his support and delight on
this green ball which floats him through the heavens.
Das Elend des Menschen erscheint wie eine kindliche
Laune, wenn man die ständige und verschwenderische
Versorgung betrachtet, die für seinen Unterhalt und sein
Vergnügen auf dieser grünen Kugel, die ihn durch die
Himmel schweben lässt, getroffen wurde.

What angels invented these splendid ornaments,   2.6
these rich conveniences, this ocean of air above, this
ocean of water beneath, this firmament of earth
between?
Welche Engel haben diese prächtigen Verzierungen, diese
reichen Annehmlichkeiten erfunden, diesen Ozean
der Luft oben, diesen Ozean des Wassers unten, dieses
Firmament der Erde dazwischen?

this zodiac of lights, this tent of dropping clouds, this   2.7
striped coat of climates, this fourfold year?
diesen Tierkreis der Lichter, dieses Zelt der fallenden
Wolken, diesen gestreiften Mantel der Klimazonen, dieses
vierfache Jahr?

Beasts, fire, water, stones, and corn serve him.   2.8
Tiere, Feuer, Wasser, Steine und Getreide dienen ihm.

2.9 **The field is at once his floor, his work-yard, his play-ground, his garden, and his bed.**
Das Feld ist zugleich sein Boden, sein Werkplatz, sein Spielplatz, sein Garten und sein Bett.

"More servants wait on man

"Mehr Diener warten auf den Mann

Than he'll take notice of. " -

als er zur Kenntnis nimmt. " -

4.1 **Nature, in its ministry to man, is not only the material, but is also the process and the result.**
Die Natur ist in ihrem Dienst am Menschen nicht nur das Material, sondern auch der Prozess und das Ergebnis.

4.2 **All the parts incessantly work into each other's hands for the profit of man.**
Alle Teile arbeiten unaufhörlich ineinander zum Nutzen des Menschen.

4.3 **The wind sows the seed; the sun evaporates the sea;**
Der Wind sät den Samen; die Sonne verdunstet das Meer;

4.4 **the wind blows the vapor to the field;**
der Wind bläst den Dampf auf das Feld;

4.5 **the ice, on the other side of the planet, condenses rain on this;**
das Eis auf der anderen Seite des Planeten kondensiert den Regen auf diesem;

4.6 **the rain feeds the plant; the plant feeds the animal;**
der Regen nährt die Pflanze; die Pflanze nährt das Tier;

and thus the endless circulations of the divine charity nourish man.   4.7

und so nähren die endlosen Kreisläufe der göttlichen Nächstenliebe den Menschen.

The useful arts are reproductions or new combinations by the wit of man, of the same natural benefactors.   5.1

Die nützlichen Künste sind Reproduktionen oder neue Kombinationen der gleichen natürlichen Wohltäter durch den Geist des Menschen.

He no longer waits for favoring gales, but by means of steam, he realizes the fable of Aeolus's bag, and carries the two and thirty winds in the boiler of his boat.   5.2

Er wartet nicht mehr auf günstige Winde, sondern verwirklicht mit Hilfe des Dampfes die Fabel vom Beutel des Aeolus und trägt die zweiunddreißig Winde in den Kessel seines Bootes.

To diminish friction, he paves the road with iron bars, and, mounting a coach with a ship-load of men, animals, and merchandise behind him, he darts through the country, from town to town, like an eagle or a swallow through the air.   5.3

Um die Reibung zu vermindern, pflastert er die Straße mit Eisenstangen, und indem er eine Kutsche mit einer Schiffsladung von Menschen, Tieren und Waren hinter sich herzieht, saust er durch das Land, von Stadt zu Stadt, wie ein Adler oder eine Schwalbe durch die Luft.

By the aggregate of these aids, how is the face of the world changed, from the era of Noah to that of Napoleon!   5.4

Wie hat sich durch die Summe dieser Hilfsmittel das Gesicht der Welt verändert, von der Zeit Noahs bis zu der Napoleons!

5.5 **The private poor man hath cities, ships, canals, bridges, built for him.**
Der arme Privatmann hat Städte, Schiffe, Kanäle, Brücken für sich bauen lassen.

5.6 **He goes to the post-office,**
Er geht zur Post,

5.7 **and the human race run on his errands;**
und die Menschen erledigen seine Botengänge;

5.8 **to the book-shop, and the human race read and write of all that happens, for him;**
er geht zur Buchhandlung, und die Menschen lesen und schreiben alles, was geschieht, für ihn;

5.9 **to the court-house,**
er geht zum Gericht,

5.10 **and nations repair his wrongs.**
und die Nationen stellen sein Unrecht wieder her.

5.11 **He sets his house upon the road, and the human race go forth every morning, and shovel out the snow, and cut a path for him.**
Er setzt sein Haus an die Straße, und die Menschen gehen jeden Morgen hinaus und schaufeln den Schnee weg und räumen den Weg für ihn.

6.1 **But there is no need of specifying particulars in this class of uses.**
Aber es ist nicht nötig, die Einzelheiten dieser Art von Nutzen zu spezifizieren.

The catalogue is endless, and the examples so obvious, that I shall leave them to the reader's reflection, with the general remark, that this mercenary benefit is one which has respect to a farther good. 6.2

Die Liste ist endlos, und die Beispiele sind so offensichtlich, dass ich sie dem Nachdenken des Lesers überlasse, mit der allgemeinen Bemerkung, dass dieser merkantile Nutzen ein Nutzen ist, der ein höheres Gut zum Ziel hat.

A man is fed, not that he may be fed, but that he may work. 6.3

Ein Mensch wird nicht gefüttert, damit er gefüttert werden kann, sondern damit er arbeiten kann.

CHAPTER III - BEAUTY.

KAPITEL III - SCHÖNHEIT.

1.1 **A NOBLER want of man is served by nature, namely, the love of Beauty.**

Ein NOBLERES Bedürfnis des Menschen wird von der Natur bedient, nämlich die Liebe zur Schönheit.

2.1 **The ancient Greeks called the world κοσμος, beauty.**

Die alten Griechen nannten die Welt κοσμος, Schönheit.

2.2 **Such is the constitution of all things, or such the plastic power of the human eye, that the primary forms, as the sky, the mountain, the tree, the animal, give us a delight in and for themselves;**

So ist die Beschaffenheit aller Dinge, oder so ist die plastische Kraft des menschlichen Auges, dass die primären Formen, wie der Himmel, der Berg, der Baum, das Tier, uns ein Vergnügen an und für sich selbst geben;

2.3 **a pleasure arising from outline, color, motion, and grouping.**

ein Vergnügen, das aus Umriss, Farbe, Bewegung und Gruppierung entsteht.

This seems partly owing to the eye itself.

2.4

Dies scheint zum Teil dem Auge selbst zu verdanken zu sein.

The eye is the best of artists.

2.5

Das Auge ist der beste aller Künstler.

By the mutual action of its structure and of the laws of light, perspective is produced, which integrates every mass of objects, of what character soever, into a well colored and shaded globe, so that where the particular objects are mean and unaffecting, the landscape which they compose, is round and symmetrical.

2.6

Durch die wechselseitige Wirkung seiner Struktur und der Gesetze des Lichts entsteht eine Perspektive, die jede Masse von Gegenständen, gleich welcher Art, in einen gut gefärbten und schattierten Globus integriert, so dass dort, wo die einzelnen Gegenstände gemein und unscheinbar sind, die Landschaft, die sie bilden, rund und symmetrisch ist.

And as the eye is the best composer,

2.7

Und wie das Auge der beste Komponist ist,

so light is the first of painters.

2.8

so ist das Licht der erste der Maler.

There is no object so foul that intense light will not make beautiful.

2.9

Es gibt keinen Gegenstand, der so schmutzig ist, dass intensives Licht ihn nicht schön machen würde.

2.10 **And the stimulus it affords to the sense, and a sort of infinitude which it hath, like space and time, make all matter gay.**
Und die Anregung, die es den Sinnen bietet, und eine Art Unendlichkeit, die es hat, wie Raum und Zeit, machen alle Materie fröhlich.

2.11 **Even the corpse has its own beauty.**
Selbst der Leichnam hat seine eigene Schönheit.

2.12 **But besides this general grace diffused over nature,**
Aber neben dieser allgemeinen Anmut,

2.13 **almost all the individual forms are agreeable to the eye,**
die über die Natur verbreitet ist,

2.14 **as is proved by our endless imitations of some of them,**
sind fast alle einzelnen Formen für das Auge angenehm,

2.15 **as the acorn,**
was durch unsere endlosen Nachahmungen einiger von ihnen bewiesen wird,

2.16 **the grape, the pine-cone, the wheat-ear, the egg,**
wie die Eichel, die Traube, der Kiefernzapfen, das Weizenohr,

2.17 **the wings and forms of most birds, the lion's claw,**
das Ei, die Flügel und Formen der meisten Vögel,

2.18 **the serpent, the butterfly, sea-shells, flames,**
die Löwenkralle, die Schlange, der Schmetterling, die Muscheln,

2.19 **clouds, buds, leaves,**
die Flammen, die Wolken, die Knospen,

and the forms of many trees, as the palm. 2.20

die Blätter und die Formen vieler Bäume, wie die Palme.

For better consideration, we may distribute the 3.1
aspects of Beauty in a threefold manner.

Zur besseren Betrachtung können wir die Aspekte der
Schönheit auf dreifache Weise verteilen.

1. First, the simple perception of natural forms is a 4.1
delight.

1. Erstens ist die einfache Wahrnehmung der natürlichen
Formen ein Vergnügen.

The influence of the forms and actions in nature, is so 4.2
needful to man, that, in its lowest functions, it seems
to lie on the confines of commodity and beauty.

Der Einfluss der Formen und Handlungen in der Natur
ist für den Menschen so notwendig, dass er in seinen
niedrigsten Funktionen an den Grenzen des Guten und
Schönen zu liegen scheint.

To the body and mind which have been cramped by 4.3
noxious work or company, nature is medicinal and
restores their tone.

Für den Körper und den Geist, die durch schädliche Arbeit
oder Gesellschaft verkrampft wurden, ist die Natur ein
Heilmittel und stellt ihren Ton wieder her.

The tradesman, the attorney comes out of the din and 4.4
craft of the street, and sees the sky and the woods,
and is a man again.

Der Geschäftsmann, der Rechtsanwalt kommt aus dem
Lärm und dem Handwerk der Straße heraus, sieht den
Himmel und die Wälder und ist wieder ein Mensch.

In their eternal calm, he finds himself. 4.5

In ihrer ewigen Ruhe findet er zu sich selbst.

4.6 **The health of the eye seems to demand a horizon.**
Die Gesundheit des Auges scheint nach einem Horizont zu verlangen.

4.7 **We are never tired, so long as we can see far enough.**
Wir sind nie müde, solange wir weit genug sehen können.

5.1 **But in other hours, Nature satisfies by its loveliness, and without any mixture of corporeal benefit.**
Aber in anderen Stunden befriedigt die Natur durch ihre Schönheit, und zwar ohne jede Vermischung von körperlichem Nutzen.

5.2 **I see the spectacle of morning from the hill-top over against my house, from day-break to sun-rise, with emotions which an angel might share.**
Ich sehe das Schauspiel des Morgens von der Hügelkuppe gegenüber meinem Haus, von der Morgendämmerung bis zum Sonnenaufgang, mit Gefühlen, die ein Engel teilen könnte.

5.3 **The long slender bars of cloud float like fishes in the sea of crimson light.**
Die langen, schlanken Wolkenbalken schwimmen wie Fische im Meer des karminroten Lichts.

5.4 **From the earth, as a shore, I look out into that silent sea.**
Von der Erde aus blicke ich wie ein Ufer in dieses stille Meer hinaus.

5.5 **I seem to partake its rapid transformations:**
Ich scheine an seinen raschen Verwandlungen teilzuhaben:

5.6 **the active enchantment reaches my dust,**
Der aktive Zauber erreicht meinen Staub,

and I dilate and conspire with the morning wind.   5.7

und ich dehne mich aus und verschwöre mich mit dem
Morgenwind.

How does Nature deify us with a few and cheap   5.8
elements!

Wie vergöttert uns die Natur mit wenigen und billigen
Elementen!

Give me health and a day,   5.9

Gebt mir Gesundheit und einen Tag,

and I will make the pomp of emperors ridiculous.   5.10

und ich werde die Pracht der Kaiser lächerlich machen.

The dawn is my Assyria; the sun-set and moon-rise   5.11
my Paphos, and unimaginable realms of faerie; broad
noon shall be my England of the senses and the
understanding; the night shall be my Germany of
mystic philosophy and dreams.

Die Morgendämmerung ist mein Assyrien, der
Sonnenuntergang und der Mondaufgang mein Paphos
und unvorstellbare Reiche der Feen; der helle Mittag soll
mein England der Sinne und des Verstandes sein, die Nacht
soll mein Deutschland der mystischen Philosophie und der
Träume sein.

Not less excellent, except for our less susceptibility   6.1
in the afternoon, was the charm, last evening, of a
January sunset.

Nicht weniger hervorragend, wenn man von unserer
geringeren Empfänglichkeit am Nachmittag absieht, war
gestern Abend der Zauber eines Sonnenuntergangs im
Januar.

6.2 The western clouds divided and subdivided themselves into pink flakes modulated with tints of unspeakable softness;

Die westlichen Wolken teilten und unterteilten sich in rosafarbene Flocken, die mit Tönen von unsagbarer Zartheit moduliert wurden;

6.3 and the air had so much life and sweetness, that it was a pain to come within doors.

und die Luft hatte so viel Leben und Süße, dass es eine Qual war, vor die Tür zu kommen.

6.4 What was it that nature would say?

Was hatte die Natur zu sagen?

6.5 Was there no meaning in the live repose of the valley behind the mill,

Gab es keinen Sinn in der lebendigen Ruhe des Tals hinter der Mühle,

6.6 and which Homer or Shakspeare could not reform for me in words?

den weder Homer noch Shakspeare für mich in Worte fassen konnten?

6.7 The leafless trees become spires of flame in the sunset, with the blue east for their back-ground, and the stars of the dead calices of flowers, and every withered stem and stubble rimed with frost, contribute something to the mute music.

Die blattlosen Bäume werden im Sonnenuntergang zu Flammenspitzen, mit dem blauen Osten als Hintergrund, und die Sterne der toten Blumenkörbe und jeder verdorrte Halm und jedes Stoppel, das von Frost umrandet ist, tragen etwas zur stummen Musik bei.

The inhabitants of cities suppose that the country landscape is pleasant only half the year.

7.1

Die Stadtbewohner nehmen an, dass die Landschaft auf dem Land nur die Hälfte des Jahres angenehm ist.

I please myself with the graces of the winter scenery,

7.2

Ich selbst erfreue mich an der Anmut der Winterlandschaft und glaube,

and believe that we are as much touched by it as by the genial influences of summer.

7.3

dass sie uns ebenso sehr berührt wie die wohltuenden Einflüsse des Sommers.

To the attentive eye, each moment of the year has its own beauty, and in the same field, it beholds, every hour, a picture which was never seen before, and which shall never be seen again.

7.4

Für das aufmerksame Auge hat jeder Augenblick des Jahres seine eigene Schönheit, und auf ein und demselben Feld erblickt es jede Stunde ein Bild, das es nie zuvor gesehen hat und das es nie wieder sehen wird.

The heavens change every moment, and reflect their glory or gloom on the plains beneath.

7.5

Der Himmel verändert sich jeden Augenblick und spiegelt seinen Glanz oder seine Düsternis auf den Ebenen unter ihm wider.

The state of the crop in the surrounding farms alters the expression of the earth from week to week.

7.6

Der Zustand der Ernte auf den umliegenden Farmen verändert das Aussehen der Erde von Woche zu Woche.

7.7 The succession of native plants in the pastures and roadsides, which makes the silent clock by which time tells the summer hours, will make even the divisions of the day sensible to a keen observer.

Die Abfolge der einheimischen Pflanzen auf den Weiden und an den Straßenrändern, die die stille Uhr bilden, mit der die Zeit die Sommerstunden anzeigt, macht einem aufmerksamen Beobachter sogar die Unterteilung des Tages deutlich.

7.8 The tribes of birds and insects, like the plants punctual to their time, follow each other, and the year has room for all.

Die Stämme von Vögeln und Insekten folgen wie die Pflanzen pünktlich auf ihre Zeit, und das Jahr hat Platz für alle.

7.9 By water-courses, the variety is greater.

An den Wasserläufen ist die Vielfalt noch größer.

7.10 In July, the blue pontederia or pickerel-weed blooms in large beds in the shallow parts of our pleasant river, and swarms with yellow butterflies in continual motion.

Im Juli blüht in den seichten Stellen unseres schönen Flusses in großen Beeten die blaue Pontederia oder das Pickelkraut, und es wimmelt von gelben Schmetterlingen, die sich ständig bewegen.

7.11 Art cannot rival this pomp of purple and gold.

Die Kunst kann mit dieser Pracht aus Purpur und Gold nicht mithalten.

7.12 Indeed the river is a perpetual gala, and boasts each month a new ornament.

In der Tat ist der Fluss eine immerwährende Gala und bietet jeden Monat eine neue Verzierung.

33

But this beauty of Nature which is seen and felt as beauty, is the least part.   8.1

Aber diese Schönheit der Natur, die als Schönheit gesehen und empfunden wird, ist der geringste Teil.

The shows of day, the dewy morning, the rainbow, mountains, orchards in blossom, stars, moonlight, shadows in still water, and the like, if too eagerly hunted, become shows merely, and mock us with their unreality.   8.2

Die Schauspiele des Tages, der taufrische Morgen, der Regenbogen, die Berge, die blühenden Obstgärten, die Sterne, das Mondlicht, die Schatten im stillen Wasser und dergleichen werden, wenn sie zu eifrig gesucht werden, zu bloßen Schauspiele und verhöhnen uns mit ihrer Unwirklichkeit.

Go out of the house to see the moon, and 't is mere tinsel;   8.3

Geh aus dem Haus, um den Mond zu sehen, und er ist bloßer Flitter;

it will not please as when its light shines upon your necessary journey.   8.4

er wird dir nicht gefallen, als wenn sein Licht auf deine notwendige Reise scheint.

The beauty that shimmers in the yellow afternoons of October, who ever could clutch it?   8.5

Die Schönheit, die in den gelben Nachmittagen des Oktobers schimmert, wer könnte sie je fassen?

Go forth to find it, and it is gone: 8.6

Geh hinaus, um sie zu finden, und sie ist weg:

8.7 't is only a mirage as you look from the windows of diligence.

sie ist nur eine Fata Morgana, wenn du aus den Fenstern des Fleißes schaust.

9.1 **2. The presence of a higher, namely, of the spiritual element is essential to its perfection.**

2. Das Vorhandensein eines höheren, nämlich des geistigen Elements ist wesentlich für seine Vollkommenheit.

9.2 **The high and divine beauty which can be loved without effeminacy, is that which is found in combination with the human will.**

Die hohe und göttliche Schönheit, die ohne Verweichlichung geliebt werden kann, ist diejenige, die in Verbindung mit dem menschlichen Willen gefunden wird.

9.3 **Beauty is the mark God sets upon virtue.**

Schönheit ist das Zeichen, das Gott der Tugend gibt.

9.4 **Every natural action is graceful.**

Jede natürliche Handlung ist anmutig.

9.5 **Every heroic act is also decent, and causes the place and the bystanders to shine.**

Jede heroische Tat ist auch anständig und lässt den Ort und die Umstehenden erstrahlen.

9.6 **We are taught by great actions that the universe is the property of every individual in it.**

Große Taten lehren uns, dass das Universum das Eigentum eines jeden Einzelnen in ihm ist.

9.7 **Every rational creature has all nature for his dowry and estate.**

Jedes vernunftbegabte Geschöpf hat die ganze Natur zu seiner Mitgift und seinem Besitz.

It is his, if he will. 9.8

Sie gehört ihm, wenn er will.

He may divest himself of it; he may creep into a 9.9
corner, and abdicate his kingdom, as most men do,
but he is entitled to the world by his constitution.

Er kann sich davon trennen, er kann sich in eine Ecke
verkriechen und auf sein Reich verzichten, wie es die
meisten Menschen tun, aber er hat durch seine Verfassung
ein Recht auf die Welt.

In proportion to the energy of his thought and will, 9.10
he takes up the world into himself.

Im Verhältnis zur Energie seines Denkens und Wollens
nimmt er die Welt in sich auf.

"All those things for which men plough, build, or sail, 9.11
obey virtue;"

"Alle Dinge, für die der Mensch pflügt, baut oder segelt,
gehorchen der Tugend,"

said Sallust. "The winds and waves," said Gibbon, 9.12

sagte Sallust. "Die Winde und Wellen," sagte Gibbon,

"are always on the side of the ablest navigators." 9.13

"sind immer auf der Seite der tüchtigsten Seefahrer."

So are the sun and moon and all the stars of heaven. 9.14

Das Gleiche gilt für die Sonne, den Mond und alle Sterne
am Himmel.

9.15 When a noble act is done, — perchance in a scene of great natural beauty; when Leonidas and his three hundred martyrs consume one day in dying, and the sun and moon come each and look at them once in the steep defile of Thermopylae; when Arnold Winkelried, in the high Alps, under the shadow of the avalanche, gathers in his side a sheaf of Austrian spears to break the line for his comrades; are not these heroes entitled to add the beauty of the scene to the beauty of the deed?

Wenn eine edle Tat vollbracht wird, vielleicht an einem Schauplatz von großer natürlicher Schönheit, wenn Leonidas und seine dreihundert Märtyrer einen Tag lang sterben und die Sonne und der Mond kommen, um sie einmal in der steilen Schlucht der Thermopylen zu betrachten, wenn Arnold Winkelried in den Hochalpen im Schatten der Lawine eine Garbe österreichischer Speere in die Hand nimmt, um die Linie für seine Kameraden zu durchbrechen — haben diese Helden nicht das Recht, die Schönheit des Schauplatzes zur Schönheit der Tat hinzuzufügen?

9.16 When the bark of Columbus nears the shore of America; — before it, the beach lined with savages, fleeing out of all their huts of cane; the sea behind; and the purple mountains of the Indian Archipelago around, can we separate the man from the living picture?

Wenn die Barke des Kolumbus sich der Küste Amerikas nähert, vor ihr der Strand, der von Wilden gesäumt ist, die aus ihren Hütten aus Schilfrohr fliehen, dahinter das Meer und ringsum die purpurnen Berge des indischen Archipels, kann man da den Mann von dem lebendigen Bild trennen?

9.17 Does not the New World clothe his form with her palm-groves and savannahs as fit drapery?

Bekleidet nicht die Neue Welt seine Gestalt mit ihren Palmenhainen und Savannen wie ein passendes Gewand?

Ever does natural beauty steal in like air, and envelope great actions.

9.18

Immer stiehlt sich die natürliche Schönheit wie Luft ein und umhüllt große Taten.

When Sir Harry Vane was dragged up the Tower-hill, sitting on a sled, to suffer death, as the champion of the English laws, one of the multitude cried out to him:

9.19

Als Sir Harry Vane auf einem Schlitten sitzend den Tower-Hügel hinaufgeschleppt wurde, um als Verfechter der englischen Gesetze den Tod zu erleiden, rief ihm einer aus der Menge zu:

"You never sate on so glorious a seat."

9.20

"Du hast nie auf einem so herrlichen Sitz gesessen."

Charles II, to intimidate the citizens of London, caused the patriot Lord Russel to be drawn in an open coach, through the principal streets of the city, on his way to the scaffold.

9.21

Um die Bürger Londons einzuschüchtern, ließ Karl II den Patrioten Lord Russel auf dem Weg zum Schafott in einer offenen Kutsche durch die wichtigsten Straßen der Stadt ziehen.

"But," his biographer says,

9.22

"Aber," so sagt sein Biograph,

"the multitude imagined they saw liberty and virtue sitting by his side."

9.23

"die Menge glaubte, Freiheit und Tugend an seiner Seite zu sehen."

9.24   In private places, among sordid objects, an act of truth or heroism seems at once to draw to itself the sky as its temple, the sun as its candle.

An privaten Orten, inmitten schmutziger Gegenstände, scheint ein Akt der Wahrheit oder des Heldentums sofort den Himmel als seinen Tempel, die Sonne als seine Kerze an sich zu ziehen.

9.25   Nature stretcheth out her arms to embrace man, only let his thoughts be of equal greatness.

Die Natur streckt ihre Arme aus, um den Menschen zu umarmen, wenn nur seine Gedanken von gleicher Größe sind.

9.26   Willingly does she follow his steps with the rose and the violet,

Bereitwillig folgt sie seinen Schritten mit der Rose und dem Veilchen,

9.27   and bend her lines of grandeur and grace to the decoration of her darling child.

und beugt ihre Linien der Größe und Anmut zur Dekoration ihres geliebten Kindes.

9.28   Only let his thoughts be of equal scope,

Lass nur seine Gedanken von gleichem Umfang sein,

9.29   and the frame will suit the picture.

und der Rahmen wird dem Bild entsprechen.

9.30   A virtuous man is in unison with her works, and makes the central figure of the visible sphere.

Ein tugendhafter Mensch ist im Einklang mit ihren Werken und bildet die zentrale Figur der sichtbaren Sphäre.

Homer, Pindar, Socrates, Phocion, associate themselves fitly in our memory with the geography and climate of Greece.

9.31

Homer, Pindar, Sokrates, Phokion verbinden sich in unserem Gedächtnis mit der Geographie und dem Klima Griechenlands.

The visible heavens and earth sympathize with Jesus.

9.32

Die sichtbaren Himmel und die Erde sympathisieren mit Jesus.

And in common life, whosoever has seen a person of powerful character and happy genius, will have remarked how easily he took all things along with him, -

9.33

Und wer im gewöhnlichen Leben einen Menschen von starkem Charakter und glücklichem Genie gesehen hat, wird bemerkt haben, wie leicht er alle Dinge mit sich nahm -

the persons, the opinions, and the day, and nature became ancillary to a man.

9.34

die Personen, die Meinungen und den Tag, und die Natur wurde einem Menschen untergeordnet.

3. There is still another aspect under which the beauty of the world may be viewed, namely, as it becomes an object of the intellect.

10.1

3. Es gibt noch einen weiteren Aspekt, unter dem die Schönheit der Welt betrachtet werden kann, nämlich wenn sie zum Gegenstand des Verstandes wird.

Beside the relation of things to virtue, they have a relation to thought.

10.2

Neben der Beziehung der Dinge zur Tugend haben sie auch eine Beziehung zum Denken.

40

10.3 **The intellect searches out the absolute order of things as they stand in the mind of God,**
Der Intellekt erforscht die absolute Ordnung der Dinge,

10.4 **and without the colors of affection.**
wie sie im Denken Gottes und ohne die Färbung der Zuneigung bestehen.

10.5 **The intellectual and the active powers seem to succeed each other, and the exclusive activity of the one, generates the exclusive activity of the other.**
Die intellektuellen und die aktiven Kräfte scheinen einander zu folgen, und die ausschließliche Tätigkeit der einen erzeugt die ausschließliche Tätigkeit der anderen.

10.6 **There is something unfriendly in each to the other,**
Beide haben etwas Unfreundliches an sich,

10.7 **but they are like the alternate periods of feeding and working in animals;**
aber sie sind wie die abwechselnden Perioden des Fressens und Arbeitens bei den Tieren;

10.8 **each prepares and will be followed by the other.**
die eine bereitet die andere vor und wird von ihr gefolgt werden.

10.9 **Therefore does beauty, which, in relation to actions, as we have seen, comes unsought, and comes because it is unsought, remain for the apprehension and pursuit of the intellect; and then again, in its turn, of the active power.**
Deshalb bleibt die Schönheit, die in Bezug auf die Handlungen, wie wir gesehen haben, ungesucht kommt, und sie kommt, weil sie ungesucht ist, für die Erkenntnis und das Streben des Intellekts, und dann wiederum für die aktive Kraft.

Nothing divine dies. All good is eternally reproductive. 10.10

Nichts Göttliches stirbt. Alles Gute ist ewig reproduktiv.

The beauty of nature reforms itself in the mind, and not for barren contemplation, but for new creation. 10.11

Die Schönheit der Natur formt sich im Geist neu, und zwar nicht zur unfruchtbaren Betrachtung, sondern zur Neuschöpfung.

All men are in some degree impressed by the face of the world; some men even to delight. 11.1

Alle Menschen sind in gewissem Maße vom Antlitz der Welt beeindruckt, manche sogar begeistert.

This love of beauty is Taste. 11.2

Diese Liebe zur Schönheit ist Geschmack.

Others have the same love in such excess, that, not content with admiring, they seek to embody it in new forms. 11.3

Andere haben dieselbe Liebe in einem solchen Übermaß, dass sie sich nicht mit der Bewunderung begnügen, sondern versuchen, sie in neuen Formen zu verkörpern.

The creation of beauty is Art. 11.4

Das Schaffen von Schönheit ist Kunst.

The production of a work of art throws a light upon the mystery of humanity. 12.1

Die Herstellung eines Kunstwerkes wirft ein Licht auf das Geheimnis der Menschheit.

A work of art is an abstract or epitome of the world. 12.2

Ein Kunstwerk ist ein Abstraktum oder eine Verkörperung der Welt.

12.3 It is the result or expression of nature, in miniature.

Es ist das Ergebnis oder der Ausdruck der Natur in Miniaturform.

12.4 For, although the works of nature are innumerable and all different, the result or the expression of them all is similar and single.

Denn obwohl die Werke der Natur zahllos und alle unterschiedlich sind, ist das Ergebnis oder der Ausdruck von ihnen allen ähnlich und einheitlich.

12.5 Nature is a sea of forms radically alike and even unique.

Die Natur ist ein Meer von Formen, die sich radikal gleichen und sogar einzigartig sind.

12.6 A leaf, a sun-beam, a landscape, the ocean, make an analogous impression on the mind.

Ein Blatt, ein Sonnenstrahl, eine Landschaft, das Meer machen einen ähnlichen Eindruck auf das Gemüt.

12.7 What is common to them all, — that perfectness and harmony, is beauty.

Was ihnen allen gemeinsam ist, diese Vollkommenheit und Harmonie, ist die Schönheit.

12.8 The standard of beauty is the entire circuit of natural forms, — the totality of nature; which the Italians expressed by defining beauty "il piu nell' uno."

Der Maßstab der Schönheit ist der gesamte Kreislauf der natürlichen Formen, die Gesamtheit der Natur, was die Italiener mit der Definition von Schönheit "il piu nell' uno" ausdrücken."

12.9 Nothing is quite beautiful alone: nothing but is beautiful in the whole.

Nichts ist für sich allein schön, nichts ist nur im Ganzen schön.

A single object is only so far beautiful as it suggests this universal grace.

12.10

Ein einzelnes Objekt ist nur so weit schön, wie es diese universelle Anmut suggeriert.

The poet, the painter, the sculptor, the musician, the architect, seek each to concentrate this radiance of the world on one point, and each in his several work to satisfy the love of beauty which stimulates him to produce.

12.11

Der Dichter, der Maler, der Bildhauer, der Musiker, der Architekt, jeder versucht, diesen Glanz der Welt auf einen Punkt zu konzentrieren, und jeder in seinen verschiedenen Werken die Liebe zur Schönheit zu befriedigen, die ihn zum Schaffen anregt.

Thus is Art,

12.12

So ist die Kunst eine Natur,

a nature passed through the alembic of man.

12.13

die durch das Becken des Menschen gegangen ist.

Thus in art,

12.14

So wirkt die Natur in der Kunst durch den Willen eines Menschen,

does nature work through the will of a man filled with the beauty of her first works.

12.15

der von der Schönheit ihrer ersten Werke erfüllt ist.

The world thus exists to the soul to satisfy the desire of beauty.

13.1

Die Welt existiert also für die Seele, um das Verlangen nach Schönheit zu befriedigen.

This element I call an ultimate end.

13.2

Dieses Element nenne ich einen letzten Zweck.

13.3 **No reason can be asked or given why the soul seeks beauty.**
Es gibt keinen Grund, warum die Seele nach Schönheit strebt.

13.4 **Beauty, in its largest and profoundest sense, is one expression for the universe.**
Schönheit, in ihrem größten und tiefsten Sinn, ist ein Ausdruck für das Universum.

13.5 **God is the all-fair.**
Gott ist das All-Gerechte.

13.6 **Truth, and goodness, and beauty, are but different faces of the same All.**
Wahrheit, Güte und Schönheit sind nur verschiedene Gesichter desselben Alls.

13.7 **But beauty in nature is not ultimate.**
Aber die Schönheit in der Natur ist nicht endgültig.

13.8 **It is the herald of inward and eternal beauty, and is not alone a solid and satisfactory good.**
Sie ist der Vorbote der inneren und ewigen Schönheit und ist nicht allein ein solides und zufriedenstellendes Gut.

13.9 **It must stand as a part, and not as yet the last or highest expression of the final cause of Nature.**
Sie muss als ein Teil und noch nicht als der letzte oder höchste Ausdruck der letzten Ursache der Natur gelten.

CHAPTER IV - LANGUAGE.

KAPITEL IV - SPRACHE.

1.1 **LANGUAGE is a third use which Nature subserves to man.**
SPRACHE ist ein dritter Nutzen, den die Natur dem Menschen bietet.

1.2 **Nature is the vehicle, and threefold degree.**
Die Natur ist das Vehikel, und zwar in dreifacher Hinsicht.

2.1 **1. Words are signs of natural facts.**
1. Worte sind Zeichen für natürliche Tatsachen.

3.1 **2. Particular natural facts are symbols of particular spiritual facts.**
2. Bestimmte natürliche Tatsachen sind Symbole für bestimmte geistige Tatsachen.

4.1 **3. Nature is the symbol of spirit.**
3. Die Natur ist das Symbol des Geistes.

5.1 **1. Words are signs of natural facts.**
1. Worte sind Zeichen für natürliche Tatsachen.

The use of natural history is to give us aid in supernatural history: 5.2

Der Gebrauch der Naturgeschichte dient dazu, uns in der übernatürlichen Geschichte zu helfen:

the use of the outer creation, 5.3

der Gebrauch der äußeren Schöpfung,

to give us language for the beings and changes of the inward creation. 5.4

um uns eine Sprache für die Wesen und Veränderungen der inneren Schöpfung zu geben.

Every word which is used to express a moral or intellectual fact, if traced to its root, is found to be borrowed from some material appearance. 5.5

Jedes Wort, das verwendet wird, um eine moralische oder intellektuelle Tatsache auszudrücken, ist, wenn man es bis zu seiner Wurzel zurückverfolgt, von einer materiellen Erscheinung entlehnt.

Right means straight; wrong means twisted. 5.6

Richtig bedeutet gerade; falsch bedeutet verdreht.

Spirit primarily means wind; transgression, 5.7

Geist bedeutet in erster Linie Wind; Übertretung,

the crossing of a line; supercilious, 5.8

das Überschreiten einer Linie; hochmütig,

the raising of the eyebrow. 5.9

das Hochziehen der Augenbraue.

We say the heart to express emotion, the head to denote thought; 5.10

Wir sagen Herz, um Emotionen auszudrücken, Kopf, um Gedanken zu bezeichnen;

5.11 and thought and emotion are words borrowed from sensible things,

und Gedanken und Emotionen sind Worte,

5.12 and now appropriated to spiritual nature.

die von den sinnlichen Dingen entlehnt und nun der geistigen Natur zugeordnet wurden.

5.13 Most of the process by which this transformation is made, is hidden from us in the remote time when language was framed;

Der größte Teil des Prozesses, durch den diese Umwandlung erfolgt, ist uns in der fernen Zeit, in der die Sprache gebildet wurde, verborgen;

5.14 but the same tendency may be daily observed in children.

aber dieselbe Tendenz kann täglich bei Kindern beobachtet werden.

5.15 Children and savages use only nouns or names of things, which they convert into verbs, and apply to analogous mental acts.

Kinder und Wilde benutzen nur Substantive oder Namen von Dingen, die sie in Verben umwandeln und auf analoge geistige Handlungen anwenden.

6.1 2. But this origin of all words that convey a spiritual import, -

2. Aber dieser Ursprung aller Wörter, die eine geistige Bedeutung vermitteln, -

6.2 so conspicuous a fact in the history of language,

eine so auffällige Tatsache in der Geschichte der Sprache,

6.3 – is our least debt to nature.

– ist unsere geringste Schuld gegenüber der Natur.

It is not words only that are emblematic;   6.4

Es sind nicht nur die Worte, die emblematisch sind;

it is things which are emblematic.   6.5

es sind die Dinge, die emblematisch sind.

Every natural fact is a symbol of some spiritual fact.   6.6

Jede natürliche Tatsache ist ein Symbol für eine geistige
Tatsache.

Every appearance in nature corresponds to some   6.7
state of the mind, and that state of the mind can only
be described by presenting that natural appearance
as its picture.

Jede Erscheinung in der Natur entspricht einem Zustand
des Geistes, und dieser Zustand des Geistes kann nur
beschrieben werden, indem man diese natürliche
Erscheinung als ihr Bild darstellt.

An enraged man is a lion, a cunning man is a fox, a   6.8
firm man is a rock, a learned man is a torch.

Ein wütender Mensch ist ein Löwe, ein schlauer Mensch
ist ein Fuchs, ein fester Mensch ist ein Fels, ein gelehrter
Mensch ist eine Fackel.

A lamb is innocence; a snake is subtle spite; flowers   6.9
express to us the delicate affections.

Ein Lamm steht für die Unschuld, eine Schlange für
die subtile Bosheit, Blumen drücken für uns die zarten
Neigungen aus.

Light and darkness are our familiar expression for   6.10
knowledge and ignorance;

Licht und Dunkelheit sind unser vertrauter Ausdruck für
Wissen und Unwissenheit;

and heat for love.   6.11

und Hitze für Liebe.

6.12 Visible distance behind and before us, is respectively our image of memory and hope.

Die sichtbare Entfernung hinter und vor uns ist jeweils unser Bild für Erinnerung und Hoffnung.

7.1 Who looks upon a river in a meditative hour, and is not reminded of the flux of all things?

Wer schaut in einer meditativen Stunde auf einen Fluss und wird nicht an den Fluss aller Dinge erinnert?

7.2 Throw a stone into the stream, and the circles that propagate themselves are the beautiful type of all influence.

Wirf einen Stein in den Strom, und die Kreise, die sich ausbreiten, sind das schöne Abbild allen Einflusses.

7.3 Man is conscious of a universal soul within or behind his individual life, wherein, as in a firmament, the natures of Justice, Truth, Love, Freedom, arise and shine.

Der Mensch ist sich einer universellen Seele in oder hinter seinem individuellen Leben bewusst, in der, wie an einem Firmament, die Naturen der Gerechtigkeit, der Wahrheit, der Liebe und der Freiheit auftauchen und leuchten.

7.4 This universal soul, he calls Reason:

Diese universale Seele nennt er Vernunft:

7.5 it is not mine, or thine, or his, but we are its; we are its property and men.

sie ist nicht mein, nicht dein, nicht sein, sondern wir sind ihre, wir sind ihr Eigentum und Menschen.

And the blue sky in which the private earth is buried, the sky with its eternal calm, and full of everlasting orbs, is the type of Reason. 7.6

Und der blaue Himmel, in dem die private Erde begraben ist, der Himmel mit seiner ewigen Ruhe und voller ewiger Kugeln, ist der Typus der Vernunft.

That which, intellectually considered, we call Reason, considered in relation to nature, we call Spirit. 7.7

Das, was wir, intellektuell betrachtet, Vernunft nennen, nennen wir, in Beziehung zur Natur betrachtet, Geist.

Spirit is the Creator. 7.8

Der Geist ist der Schöpfer.

Spirit hath life in itself. 7.9

Der Geist hat das Leben in sich selbst.

And man in all ages and countries, embodies it in his language, as the FATHER. 7.10

Und der Mensch in allen Zeitaltern und Ländern, verkörpert ihn in seiner Sprache als den VATER.

It is easily seen that there is nothing lucky or capricious in these analogies, but that they are constant, and pervade nature. 8.1

Es ist leicht zu erkennen, dass diese Analogien nichts Zufälliges oder Kapriziöses an sich haben, sondern dass sie konstant sind und die Natur durchdringen.

These are not the dreams of a few poets, here and there, but man is an analogist, and studies relations in all objects. 8.2

Es handelt sich nicht um die Träume einiger weniger Dichter, sondern der Mensch ist ein Analogist und studiert die Beziehungen in allen Objekten.

8.3 **He is placed in the centre of beings,**
Er steht in der Mitte der Wesen,

8.4 **and a ray of relation passes from every other being to him.**
und von jedem anderen Wesen geht ein Strahl der Beziehung zu ihm aus.

8.5 **And neither can man be understood without these objects,**
Und weder kann der Mensch ohne die Objekte verstanden werden,

8.6 **nor these objects without man.**
noch die Objekte ohne den Menschen.

8.7 **All the facts in natural history taken by themselves, have no value, but are barren, like a single sex.**
Alle naturgeschichtlichen Tatsachen haben für sich genommen keinen Wert, sondern sind unfruchtbar, wie ein einziges Geschlecht.

8.8 **But marry it to human history,**
Verbindet man sie aber mit der menschlichen Geschichte,

8.9 **and it is full of life.**
so ist sie voller Leben.

8.10 **Whole Floras, all Linnaeus' and Buffon's volumes, are dry catalogues of facts;**
Ganze Flora, alle Bände von Linnaeus und Buffon sind trockene Kataloge von Tatsachen;

but the most trivial of these facts, the habit of a plant, the organs, or work, or noise of an insect, applied to the illustration of a fact in intellectual philosophy, or, in any way associated to human nature, affects us in the most lively and agreeable manner. 8.11

aber die trivialste dieser Tatsachen, die Gewohnheit einer Pflanze, die Organe oder die Arbeit oder das Geräusch eines Insekts, angewandt zur Veranschaulichung einer Tatsache in der intellektuellen Philosophie, oder in irgendeiner Weise mit der menschlichen Natur verbunden, berührt uns auf die lebendigste und angenehmste Weise.

The seed of a plant, — to what affecting analogies in the nature of man, is that little fruit made use of, in all discourse, up to the voice of Paul, who calls the human corpse a seed, — "It is sown a natural body; 8.12

Das Samenkorn einer Pflanze - zu welch ergreifenden Analogien in der Natur des Menschen wird diese kleine Frucht in allen Reden gebraucht, bis hin zu der Stimme des Paulus, der den menschlichen Leichnam ein Samenkorn nennt: "Es wird ein natürlicher Leib gesät;

it is raised a spiritual body." 8.13

es wird ein geistlicher Leib auferweckt."

The motion of the earth round its axis, and round the sun, makes the day, and the year. 8.14

Die Bewegung der Erde um ihre Achse und um die Sonne macht den Tag und das Jahr.

These are certain amounts of brute light and heat. 8.15

Dies sind bestimmte Mengen von Licht und Wärme.

But is there no intent of an analogy between man's life and the seasons? 8.16

Aber ist es nicht beabsichtigt, eine Analogie zwischen dem Leben des Menschen und den Jahreszeiten herzustellen?

8.17 And do the seasons gain no grandeur or pathos from that analogy?

Und gewinnen die Jahreszeiten durch diese Analogie nicht an Erhabenheit und Pathos?

8.18 The instincts of the ant are very unimportant,

Die Instinkte der Ameise sind sehr unbedeutend,

8.19 considered as the ant's;

wenn man sie als die der Ameise betrachtet;

8.20 but the moment a ray of relation is seen to extend from it to man, and the little drudge is seen to be a monitor, a little body with a mighty heart, then all its habits, even that said to be recently observed, that it never sleeps, become sublime.

aber in dem Augenblick, in dem man einen Strahl der Beziehung von ihr zum Menschen sieht und das kleine Schuften als einen Waran, einen kleinen Körper mit einem mächtigen Herzen, betrachtet, dann werden alle ihre Gewohnheiten erhaben, sogar die, von der man kürzlich sagte, dass sie niemals schläft.

9.1 Because of this radical correspondence between visible things and human thoughts, savages, who have only what is necessary, converse in figures.

Wegen dieser radikalen Übereinstimmung zwischen den sichtbaren Dingen und den menschlichen Gedanken unterhalten sich die Wilden, die nur das Nötigste haben, in Zahlen.

9.2 As we go back in history, language becomes more picturesque, until its infancy, when it is all poetry;

Je weiter wir in der Geschichte zurückgehen, desto malerischer wird die Sprache, bis sie in ihren Anfängen nur noch Poesie ist;

or all spiritual facts are represented by natural symbols.

9.3

oder alle geistigen Tatsachen werden durch natürliche Symbole dargestellt.

The same symbols are found to make the original elements of all languages.

9.4

Dieselben Symbole bilden auch die ursprünglichen Elemente aller Sprachen.

It has moreover been observed,

9.5

Man hat außerdem beobachtet,

that the idioms of all languages approach each other in passages of the greatest eloquence and power.

9.6

dass sich die Idiome aller Sprachen in Passagen von größter Beredsamkeit und Kraft einander annähern.

And as this is the first language, so is it the last.

9.7

Und da dies die erste Sprache ist, ist sie auch die letzte.

This immediate dependence of language upon nature, this conversion of an outward phenomenon into a type of somewhat in human life, never loses its power to affect us.

9.8

Diese unmittelbare Abhängigkeit der Sprache von der Natur, diese Umwandlung eines äußeren Phänomens in einen Typus von etwas im menschlichen Leben, verliert nie ihre Kraft, uns zu berühren.

It is this which gives that piquancy to the conversation of a strong-natured farmer or back-woodsman, which all men relish.

9.9

Das ist es, was dem Gespräch eines kräftigen Bauern oder Hinterwäldlers jene Schärfe verleiht, die alle Menschen genießen.

10.1 **A man's power to connect his thought with its proper symbol, and so to utter it, depends on the simplicity of his character, that is, upon his love of truth, and his desire to communicate it without loss.**

Die Fähigkeit des Menschen, seine Gedanken mit dem entsprechenden Symbol zu verbinden und so auszudrücken, hängt von der Einfachheit seines Charakters ab, d.h. von seiner Liebe zur Wahrheit und seinem Wunsch, sie ohne Verlust mitzuteilen.

10.2 **The corruption of man is followed by the corruption of language.**

Auf den Verfall des Menschen folgt der Verfall der Sprache.

10.3 **When simplicity of character and the sovereignty of ideas is broken up by the prevalence of secondary desires, the desire of riches, of pleasure, of power, and of praise, — and duplicity and falsehood take place of simplicity and truth, the power over nature as an interpreter of the will, is in a degree lost;**

Wenn die Einfachheit des Charakters und die Souveränität der Ideen durch die Vorherrschaft sekundärer Begierden, das Verlangen nach Reichtum, Vergnügen, Macht und Ruhm, zerstört wird und Doppelzüngigkeit und Falschheit an die Stelle von Einfachheit und Wahrheit treten, geht die Macht über die Natur als Dolmetscher des Willens in gewissem Maße verloren;

10.4 **new imagery ceases to be created, and old words are perverted to stand for things which are not;**

es werden keine neuen Bilder mehr geschaffen, und alte Worte werden verdreht, um für Dinge zu stehen, die keine sind;

10.5 **a paper currency is employed,**

es wird eine Papierwährung verwendet,

when there is no bullion in the vaults. 10.6

wenn kein Gold in den Tresoren ist.

In due time, the fraud is manifest, and words lose 10.7
all power to stimulate the understanding or the
affections.

Mit der Zeit wird der Betrug offenkundig, und die Worte
verlieren jede Kraft, den Verstand oder die Gefühle
anzuregen.

Hundreds of writers may be found in every long- 10.8
civilized nation, who for a short time believe, and
make others believe, that they see and utter truths,
who do not of themselves clothe one thought in
its natural garment, but who feed unconsciously
on the language created by the primary writers of
the country, those, namely, who hold primarily on
nature.

In jeder seit langem zivilisierten Nation finden sich
Hunderte von Schriftstellern, die für kurze Zeit glauben
und andere glauben machen, dass sie Wahrheiten
sehen und aussprechen, die nicht von sich aus einen
Gedanken in sein natürliches Gewand kleiden, sondern
sich unbewusst von der Sprache ernähren, die von den
primären Schriftstellern des Landes geschaffen wurde,
nämlich von denen, die sich hauptsächlich an die Natur
halten.

But wise men pierce this rotten diction and fasten 11.1
words again to visible things;

Aber weise Männer durchdringen diese faulige Diktion und
befestigen die Worte wieder an den sichtbaren Dingen;

11.2 **so that picturesque language is at once a commanding certificate that he who employs it, is a man in alliance with truth and God.**

so dass die malerische Sprache zugleich ein gebieterisches Zeugnis dafür ist, dass derjenige, der sie anwendet, ein Mensch im Bunde mit der Wahrheit und Gott ist.

11.3 **The moment our discourse rises above the ground line of familiar facts, and is inflamed with passion or exalted by thought, it clothes itself in images.**

In dem Augenblick, in dem sich unsere Rede über die Grundlinie der bekannten Tatsachen erhebt und von Leidenschaft entflammt oder von Gedanken überschwemmt wird, kleidet sie sich in Bilder.

11.4 **A man conversing in earnest, if he watch his intellectual processes, will find that a material image, more or less luminous, arises in his mind, cotemporaneous with every thought, which furnishes the vestment of the thought.**

Ein Mensch, der sich ernsthaft unterhält, wird, wenn er seine intellektuellen Prozesse beobachtet, feststellen, dass in seinem Geist gleichzeitig mit jedem Gedanken ein mehr oder weniger leuchtendes materielles Bild entsteht, das dem Gedanken ein Gewand gibt.

11.5 **Hence, good writing and brilliant discourse are perpetual allegories.**

Daher sind gute Schriften und brillante Reden immerwährende Allegorien.

11.6 **This imagery is spontaneous.**

Diese Bildersprache ist spontan.

11.7 **It is the blending of experience with the present action of the mind.**

Sie ist die Verschmelzung von Erfahrung mit der gegenwärtigen Tätigkeit des Geistes.

It is proper creation. 11.8

Sie ist die eigentliche Schöpfung.

It is the working of the Original Cause through the 11.9
instruments he has already made.

Sie ist das Wirken der ursprünglichen Ursache durch die
Instrumente, die sie bereits geschaffen hat.

These facts may suggest the advantage which the 12.1
country-life possesses for a powerful mind,

Diese Tatsachen mögen den Vorteil andeuten,

over the artificial and curtailed life of cities. 12.2

den das Landleben für einen starken Geist gegenüber dem
künstlichen und eingeschränkten Leben der Städte besitzt.

We know more from nature than we can at will 12.3
communicate.

Wir wissen mehr von der Natur, als wir willentlich
mitteilen können.

Its light flows into the mind evermore, 12.4

Ihr Licht strömt immer mehr in den Geist,

and we forget its presence. 12.5

und wir vergessen ihre Gegenwart.

The poet, the orator, bred in the woods, whose senses 12.6
have been nourished by their fair and appeasing
changes, year after year, without design and without
heed, — shall not lose their lesson altogether, in the
roar of cities or the broil of politics.

Der Dichter, der Redner, der in den Wäldern aufgewachsen
ist, dessen Sinne sich Jahr für Jahr von ihren schönen
und beruhigenden Veränderungen genährt haben, ohne
Absicht und ohne Rücksicht, wird seine Lektion nicht ganz
verlieren im Getöse der Städte oder im Streit der Politik.

12.7 Long hereafter, amidst agitation and terror in national councils, — in the hour of revolution, — these solemn images shall reappear in their morning lustre, as fit symbols and words of the thoughts which the passing events shall awaken.

Lange danach, inmitten der Aufregung und des Terrors in den nationalen Räten, in der Stunde der Revolution, werden diese feierlichen Bilder in ihrem Morgenglanz wieder erscheinen, als passende Symbole und Worte für die Gedanken, die die vorübergehenden Ereignisse wecken werden.

12.8 At the call of a noble sentiment, again the woods wave, the pines murmur, the river rolls and shines, and the cattle low upon the mountains, as he saw and heard them in his infancy.

Auf den Ruf eines edlen Gefühls hin werden die Wälder wieder winken, die Kiefern murmeln, der Fluss rollt und glänzt, und das Vieh auf den Bergen wird sich senken, wie er es in seiner Kindheit gesehen und gehört hat.

12.9 And with these forms, the spells of persuasion, the keys of power are put into his hands.

Und mit diesen Formen werden ihm die Zaubersprüche der Überzeugung, die Schlüssel der Macht in die Hände gelegt.

13.1 **3. We are thus assisted by natural objects in the expression of particular meanings.**

3. Wir werden also von natürlichen Objekten unterstützt, wenn es darum geht, bestimmte Bedeutungen auszudrücken.

13.2 But how great a language to convey such pepper-corn informations!

Aber wie groß ist die Sprache, um solche Pfefferkorninformationen zu vermitteln!

Did it need such noble races of creatures, this profusion of forms, this host of orbs in heaven, to furnish man with the dictionary and grammar of his municipal speech?

13.3

Brauchte es so edle Rassen von Geschöpfen, diese Fülle von Formen, dieses Heer von Himmelskugeln, um den Menschen mit dem Wörterbuch und der Grammatik seiner städtischen Sprache auszustatten?

Whilst we use this grand cipher to expedite the affairs of our pot and kettle, we feel that we have not yet put it to its use, neither are able.

13.4

Während wir diese großartige Chiffre benutzen, um die Angelegenheiten unseres Topfes und Kessels zu beschleunigen, fühlen wir, dass wir sie noch nicht zu ihrem Nutzen eingesetzt haben und auch nicht in der Lage sind.

We are like travellers using the cinders of a volcano to roast their eggs.

13.5

Wir sind wie Reisende, die die Schlacke eines Vulkans benutzen, um ihre Eier zu braten.

Whilst we see that it always stands ready to clothe what we would say, we cannot avoid the question, whether the characters are not significant of themselves.

13.6

Während wir sehen, dass er immer bereit ist, das zu kleiden, was wir sagen wollen, können wir die Frage nicht vermeiden, ob die Zeichen nicht selbst bedeutsam sind.

Have mountains, and waves, and skies, no significance but what we consciously give them, when we employ them as emblems of our thoughts?

13.7

Haben Berge, Wellen und Himmel keine andere Bedeutung als die, die wir ihnen bewusst geben, wenn wir sie als Embleme für unsere Gedanken verwenden?

13.8 **The world is emblematic. Parts of speech are metaphors,**

Die Welt ist emblematisch. Teile der Sprache sind Metaphern,

13.9 **because the whole of nature is a metaphor of the human mind.**

denn die ganze Natur ist eine Metapher des menschlichen Geistes.

13.10 **The laws of moral nature answer to those of matter as face to face in a glass.**

Die Gesetze der moralischen Natur entsprechen den Gesetzen der Materie wie die Gesichter in einem Glas.

13.11 **"The visible world and the relation of its parts, is the dial plate of the invisible."**

"Die sichtbare Welt und die Beziehung ihrer Teile ist das Zifferblatt des Unsichtbaren."

13.12 **The axioms of physics translate the laws of ethics. Thus**

Die Axiome der Physik übersetzen die Gesetze der Moral. So ist

13.13 **"the whole is greater than its part;"**

"das Ganze größer als sein Teil,"

13.14 **"reaction is equal to action;"**

"Reaktion ist gleich Aktion,"

13.15 **"the smallest weight may be made to lift the greatest, the difference of weight being compensated by time;"**

"das kleinste Gewicht kann dazu gebracht werden, das größte zu heben, wobei der Gewichtsunterschied durch die Zeit ausgeglichen wird,"

and many the like propositions,   13.16
und viele ähnliche Sätze,

which have an ethical as well as physical sense.   13.17
die sowohl einen ethischen als auch einen physikalischen
Sinn haben.

These propositions have a much more extensive and   13.18
universal sense when applied to human life, than
when confined to technical use.
Diese Sätze haben einen viel umfassenderen und
universelleren Sinn, wenn sie auf das menschliche Leben
angewandt werden, als wenn sie sich auf den technischen
Gebrauch beschränken.

In like manner, the memorable words of history, and   14.1
the proverbs of nations, consist usually of a natural
fact, selected as a picture or parable of a moral truth.
In gleicher Weise bestehen die denkwürdigen Worte der
Geschichte und die Sprichwörter der Völker gewöhnlich
aus einer natürlichen Tatsache, die als Bild oder Gleichnis
für eine moralische Wahrheit ausgewählt wurde.

Thus; A rolling stone gathers no moss; A bird in the   14.2
hand is worth two in the bush; A cripple in the right
way, will beat a racer in the wrong; Make hay while
the sun shines; 'T is hard to carry a full cup even;
Vinegar is the son of wine; The last ounce broke the
camel's back; Long-lived trees make roots first; — and
the like.
So: Ein rollender Stein sammelt kein Moos; Ein Spatz in
der Hand ist besser als zwei im Busch; Ein Krüppel auf dem
richtigen Weg schlägt einen Rennfahrer auf dem falschen;
Heu machen, solange die Sonne scheint; Es ist schwer,
einen vollen Becher zu tragen; Essig ist der Sohn des Weins;
Das letzte Gramm hat den Rücken des Kamels gebrochen;
Langlebige Bäume schlagen zuerst Wurzeln; und so weiter.

14.3 In their primary sense these are trivial facts,

In ihrem ursprünglichen Sinn sind dies triviale Fakten,

14.4 but we repeat them for the value of their analogical import.

aber wir wiederholen sie wegen des Wertes ihrer analogen Bedeutung.

14.5 What is true of proverbs, is true of all fables, parables, and allegories.

Was für Sprichwörter gilt, gilt auch für alle Fabeln, Gleichnisse und Allegorien.

15.1 This relation between the mind and matter is not fancied by some poet, but stands in the will of God, and so is free to be known by all men.

Diese Beziehung zwischen dem Geist und der Materie ist nicht von irgendeinem Dichter erdacht, sondern liegt im Willen Gottes und ist daher frei, von allen Menschen erkannt zu werden.

15.2 It appears to men, or it does not appear.

Sie erscheint den Menschen, oder sie erscheint nicht.

15.3 When in fortunate hours we ponder this miracle, the wise man doubts, if, at all other times, he is not blind and deaf;

Wenn wir in glücklichen Stunden über dieses Wunder nachdenken, zweifelt der weise Mensch, ob er nicht sonst blind und taub ist;

– "Can these things be,   – "Können diese Dinge sein,

And overcome us like a summer's cloud,

Und uns wie eine Sommerwolke überwältigen,

Without our special wonder?"

Ohne dass wir uns besonders wundern?"

for the universe becomes transparent, and the light of higher laws than its own, shines through it.

17.1

denn das Universum wird durchsichtig, und das Licht höherer Gesetze als der eigenen scheint durch es hindurch.

It is the standing problem which has exercised the wonder and the study of every fine genius since the world began; from the era of the Egyptians and the Brahmins, to that of Pythagoras, of Plato, of Bacon, of Leibnitz, of Swedenborg.

17.2

Es ist das ständige Problem, das seit Anbeginn der Welt das Staunen und das Studium jedes guten Genies beschäftigt hat, von der Ära der Ägypter und der Brahmanen bis zu der von Pythagoras, Platon, Bacon, Leibnitz und Swedenborg.

There sits the Sphinx at the road-side, and from age to age, as each prophet comes by, he tries his fortune at reading her riddle.

17.3

Dort sitzt die Sphinx am Straßenrand, und von Zeitalter zu Zeitalter versucht jeder Prophet, der vorbeikommt, sein Glück beim Lesen ihres Rätsels.

There seems to be a necessity in spirit to manifest itself in material forms;

17.4

Es scheint eine Notwendigkeit im Geist zu geben, sich in materiellen Formen zu manifestieren;

17.5 and day and night, river and storm, beast and bird, acid and alkali, preexist in necessary Ideas in the mind of God, and are what they are by virtue of preceding affections, in the world of spirit.

und Tag und Nacht, Fluss und Sturm, Tier und Vogel, Säure und Lauge, existieren in notwendigen Ideen im Geist Gottes vor und sind, was sie sind, kraft vorhergehender Affekte, in der Welt des Geistes.

17.6 A Fact is the end or last issue of spirit.

Eine Tatsache ist das Ende oder die letzte Ausgabe des Geistes.

17.7 The visible creation is the terminus or the circumference of the invisible world.

Die sichtbare Schöpfung ist die Endstation oder der Umfang der unsichtbaren Welt.

17.8 "Material objects,"

"Die materiellen Gegenstände,"

17.9 said a French philosopher,

sagte ein französischer Philosoph,

17.10 "are necessarily kinds of scoriae of the substantial thoughts of the Creator,

"sind notwendigerweise eine Art von Abdrücken der substantiellen Gedanken des Schöpfers,

17.11 which must always preserve an exact relation to their first origin;

die immer eine genaue Beziehung zu ihrem ersten Ursprung bewahren müssen;

17.12 in other words,

mit anderen Worten,

visible nature must have a spiritual and moral side."   17.13

die sichtbare Natur muss eine geistige und moralische Seite
haben."

This doctrine is abstruse, and though the images of   18.1
"garment,"

Diese Lehre ist abstrus, und obwohl die Bilder von
"Gewand,"

"scoriae,"   18.2

"Schlacke,"

"mirror,"   18.3

"Spiegel"

&c., may stimulate the fancy, we must summon the   18.4
aid of subtler and more vital expositors to make it
plain.

usw. die Phantasie anregen mögen, müssen wir die Hilfe
von subtileren und lebendigeren Auslegern in Anspruch
nehmen, um sie klar zu machen.

"Every scripture is to be interpreted by the same   18.5
spirit which gave it forth," — is the fundamental law
of criticism.

"Jede Schrift muss von demselben Geist interpretiert
werden, der sie hervorgebracht hat," lautet das
grundlegende Gesetz der Kritik.

A life in harmony with nature, the love of truth and   18.6
of virtue, will purge the eyes to understand her text.

Ein Leben in Harmonie mit der Natur, die Liebe zur
Wahrheit und zur Tugend, wird die Augen reinigen, um
den Text zu verstehen.

18.7 By degrees we may come to know the primitive
sense of the permanent objects of nature, so that
the world shall be to us an open book, and every form
significant of its hidden life and final cause.

Nach und nach können wir den primitiven Sinn der
dauerhaften Objekte der Natur erkennen, so dass die
Welt für uns ein offenes Buch sein wird und jede Form ein
Hinweis auf ihr verborgenes Leben und ihre letzte Ursache.

19.1 A new interest surprises us, whilst, under the view
now suggested, we contemplate the fearful extent
and multitude of objects;

Ein neues Interesse überrascht uns, während wir unter
der jetzt vorgeschlagenen Sichtweise die furchterregende
Ausdehnung und Vielfalt der Objekte betrachten;

19.2 since

denn

19.3 "every object rightly seen, unlocks a new faculty of
the soul."

"jedes Objekt, das richtig gesehen wird, erschließt ein
neues Vermögen der Seele."

19.4 That which was unconscious truth, becomes, when
interpreted and defined in an object, a part of the
domain of knowledge, — a new weapon in the
magazine of power.

Das, was unbewusste Wahrheit war, wird, wenn es in
einem Objekt interpretiert und definiert wird, zu einem
Teil des Bereichs des Wissens, zu einer neuen Waffe im
Magazin der Macht.

CHAPTER V - DISCIPLINE.

KAPITEL V - DISZIPLIN.

1.1 **IN view of the significance of nature, we arrive at once at a new fact, that nature is a discipline.**

In Anbetracht der Bedeutung der Natur kommen wir sofort zu einer neuen Tatsache: Die Natur ist eine Disziplin.

1.2 **This use of the world includes the preceding uses, as parts of itself.**

Diese Nutzung der Welt schließt die vorangegangenen Nutzungen als Teile ihrer selbst ein.

2.1 **Space, time, society, labor, climate, food, locomotion, the animals, the mechanical forces, give us sincerest lessons, day by day, whose meaning is unlimited.**

Der Raum, die Zeit, die Gesellschaft, die Arbeit, das Klima, die Nahrung, die Fortbewegung, die Tiere, die mechanischen Kräfte, geben uns Tag für Tag aufrichtige Lektionen, deren Bedeutung unbegrenzt ist.

2.2 **They educate both the Understanding and the Reason.**

Sie erziehen sowohl den Verstand als auch die Vernunft.

Every property of matter is a school for the understanding, - 2.3

Jede Eigenschaft der Materie ist eine Schule für den Verstand -

its solidity or resistance, its inertia, its extension, its figure, its divisibility. 2.4

ihre Festigkeit oder ihr Widerstand, ihre Trägheit, ihre Ausdehnung, ihre Gestalt, ihre Teilbarkeit.

The understanding adds, divides, combines, measures, and finds nutriment and room for its activity in this worthy scene. 2.5

Der Verstand addiert, teilt, kombiniert, misst und findet in dieser würdigen Szene Nährstoff und Raum für seine Tätigkeit.

Meantime, Reason transfers all these lessons into its own world of thought, by perceiving the analogy that marries Matter and Mind. 2.6

In der Zwischenzeit überträgt die Vernunft all diese Lektionen in ihre eigene Gedankenwelt, indem sie die Analogie wahrnimmt, die Materie und Geist miteinander verbindet.

1. Nature is a discipline of the understanding in intellectual truths. 3.1

1. Die Natur ist eine Disziplin des Verstandes in intellektuellen Wahrheiten.

3.2 Our dealing with sensible objects is a constant exercise in the necessary lessons of difference, of likeness, of order, of being and seeming, of progressive arrangement; of ascent from particular to general; of combination to one end of manifold forces.

Unser Umgang mit den sinnlichen Gegenständen ist eine ständige Übung in den notwendigen Lektionen des Unterschieds, der Ähnlichkeit, der Ordnung, des Seins und des Scheins, der fortschreitenden Anordnung, des Aufstiegs vom Besonderen zum Allgemeinen, der Verbindung mannigfaltiger Kräfte zu einem Zweck.

3.3 Proportioned to the importance of the organ to be formed, is the extreme care with which its tuition is provided, — a care pretermitted in no single case.

Im Verhältnis zur Bedeutung des zu bildenden Organs steht die äußerste Sorgfalt, mit der sein Unterricht versehen ist, eine Sorgfalt, die in keinem einzigen Fall vernachlässigt wird.

3.4 What tedious training, day after day, year after year, never ending, to form the common sense;

Welch mühsames Training, Tag für Tag, Jahr für Jahr, niemals endend, um den gesunden Menschenverstand zu bilden;

3.5 what continual reproduction of annoyances, inconveniences, dilemmas;

welch fortwährende Reproduktion von Ärgernissen, Unannehmlichkeiten, Dilemmas;

3.6 what rejoicing over us of little men;

welch ein Jubel über uns kleine Menschen;

what disputing of prices, what reckonings of interest, — and all to form the Hand of the mind; 3.7

welch ein Streit um Preise, welch eine Berechnung von Zinsen — und alles, um die Hand des Verstandes zu bilden;

— to instruct us that 3.8

um uns zu lehren, dass

"good thoughts are no better than good dreams, 3.9

"gute Gedanken nicht besser sind als gute Träume,

unless they be executed!" 3.10

wenn sie nicht ausgeführt werden!"

The same good office is performed by Property and its filial systems of debt and credit. 4.1

Dasselbe gute Werk vollbringt das Eigentum und sein kindliches System von Schulden und Krediten.

Debt, grinding debt, whose iron face the widow, the orphan, and the sons of genius fear and hate; 4.2

Die Schuld, die zermürbende Schuld, deren eisernes Gesicht die Witwen, die Waisen und die Söhne des Genies fürchten und hassen;

— debt, which consumes so much time, which so cripples and disheartens a great spirit with cares that seem so base, is a preceptor whose lessons cannot be forgone, and is needed most by those who suffer from it most. 4.3

die Schuld, die so viel Zeit verschlingt, die einen großen Geist mit so niederen Sorgen verkrüppelt und entmutigt, ist ein Lehrer, dessen Lektionen man nicht vergessen kann und der von denen am meisten gebraucht wird, die am meisten unter ihm leiden.

4.4 Moreover, property, which has been well compared to snow, -

Darüber hinaus ist das Eigentum, das man gut mit Schnee verglichen hat -

4.5 "if it fall level to-day, it will be blown into drifts to-morrow," -

"wenn er heute flach fällt, wird er morgen in Strähnen verweht" -,

4.6 is the surface action of internal machinery, like the index on the face of a clock.

die Oberflächenwirkung einer inneren Maschinerie, wie der Index auf dem Zifferblatt einer Uhr.

4.7 Whilst now it is the gymnastics of the understanding, it is hiving in the foresight of the spirit, experience in profounder laws.

Während es jetzt die Gymnastik des Verstandes ist, schlummert es in der Voraussicht des Geistes, der Erfahrung in tieferen Gesetzen.

5.1 The whole character and fortune of the individual are affected by the least inequalities in the culture of the understanding; for example,

Der ganze Charakter und das Schicksal des Menschen werden durch die geringsten Ungleichheiten in der Kultur des Verstandes beeinflusst,

5.2 in the perception of differences.

zum Beispiel in der Wahrnehmung von Unterschieden.

Therefore is Space, and therefore Time, that man may know that things are not huddled and lumped, but sundered and individual.

5.3

Darum ist der Raum und darum die Zeit, damit der Mensch weiß, dass die Dinge nicht zusammengedrängt und verklumpt, sondern getrennt und individuell sind.

A bell and a plough have each their use,

5.4

Eine Glocke und ein Pflug haben beide ihren Nutzen,

and neither can do the office of the other.

5.5

und keiner kann die Aufgabe des anderen übernehmen.

Water is good to drink, coal to burn, wool to wear;

5.6

Wasser ist gut zum Trinken, Kohle zum Brennen, Wolle zum Tragen;

but wool cannot be drunk, nor water spun, nor coal eaten.

5.7

aber Wolle kann nicht getrunken, Wasser nicht gesponnen und Kohle nicht gegessen werden.

The wise man shows his wisdom in separation, in gradation, and his scale of creatures and of merits is as wide as nature.

5.8

Der weise Mensch zeigt seine Weisheit in der Trennung, in der Abstufung, und seine Skala der Geschöpfe und der Verdienste ist so weit wie die Natur.

The foolish have no range in their scale, but suppose every man is as every other man.

5.9

Die Törichten haben keine Bandbreite in ihrer Skala, sondern nehmen an, dass jeder Mensch wie jeder andere Mensch ist.

5.10 **What is not good they call the worst, and what is not hateful, they call the best.**

Was nicht gut ist, nennen sie das Schlechteste, und was nicht hassenswert ist, nennen sie das Beste.

6.1 **In like manner, what good heed, nature forms in us!**

So formt die Natur in uns, wie gut sie auf uns achtet!

6.2 **She pardons no mistakes.**

Sie verzeiht keine Fehler.

6.3 **Her yea is yea, and her nay, nay.**

Ihr Ja ist ein Ja, und ihr Nein ist ein Nein.

7.1 **The first steps in Agriculture, Astronomy, Zoölogy, (those first steps which the farmer, the hunter, and the sailor take,) teach that nature's dice are always loaded;**

Die ersten Schritte in der Landwirtschaft, Astronomie und Zoologie (die ersten Schritte, die der Bauer, der Jäger und der Seemann machen) lehren, dass die Würfel der Natur immer geladen sind;

7.2 **that in her heaps and rubbish are concealed sure and useful results.**

dass in ihren Haufen und Abfällen sichere und nützliche Ergebnisse verborgen sind.

8.1 **How calmly and genially the mind apprehends one after another the laws of physics!**

Wie ruhig und genial begreift der Verstand die Gesetze der Physik nacheinander!

8.2 **What noble emotions dilate the mortal as he enters into the counsels of the creation,**

Welch edle Gefühle durchströmen den Sterblichen,

and feels by knowledge the privilege to BE! 8.3
wenn er in die Ratschlüsse der Schöpfung eintritt und
durch die Erkenntnis das Vorrecht des SEINS empfindet!

His insight refines him. 8.4
Seine Einsicht veredelt ihn.

The beauty of nature shines in his own breast. 8.5
Die Schönheit der Natur leuchtet in seiner eigenen Brust.

Man is greater that he can see this, and the universe 8.6
less, because Time and Space relations vanish as laws
are known.
Der Mensch ist größer, weil er dies sehen kann, und das
Universum kleiner, weil die Beziehungen zwischen Zeit
und Raum verschwinden, wenn die Gesetze bekannt sind.

Here again we are impressed and even daunted by the 9.1
immense Universe to be explored.
Auch hier sind wir beeindruckt und sogar eingeschüchtert
von dem riesigen Universum, das es zu erforschen gilt.

"What we know, is a point to what we do not know." 9.2
"Was wir wissen, ist ein Hinweis auf das, was wir nicht
wissen."

9.3 Open any recent journal of science, and weigh the problems suggested concerning Light, Heat, Electricity, Magnetism, Physiology, Geology, and judge whether the interest of natural science is likely to be soon exhausted.

Schlagen Sie eine beliebige aktuelle Wissenschaftszeitschrift auf und wägen Sie die Probleme ab, die in Bezug auf Licht, Wärme, Elektrizität, Magnetismus, Physiologie und Geologie aufgeworfen werden, und beurteilen Sie, ob das Interesse der Naturwissenschaft wahrscheinlich bald erschöpft sein wird.

10.1 Passing by many particulars of the discipline of nature, we must not omit to specify two.

Von den vielen Besonderheiten der Disziplin der Natur dürfen wir zwei nicht unerwähnt lassen.

11.1 The exercise of the Will or the lesson of power is taught in every event.

Die Ausübung des Willens oder die Lektion der Macht wird in jedem Ereignis gelehrt.

11.2 From the child's successive possession of his several senses up to the hour when he saith,

Vom sukzessiven Besitz der verschiedenen Sinne des Kindes bis zu der Stunde, in der es sagt,

11.3 "Thy will be done!"

"Dein Wille geschehe!"

he is learning the secret, that he can reduce under his will, not only particular events, but great classes, nay the whole series of events, and so conform all facts to his character. 11.4

lernt es das Geheimnis, dass es nicht nur bestimmte Ereignisse, sondern große Klassen, ja die ganze Reihe von Ereignissen unter seinen Willen stellen und so alle Tatsachen seinem Charakter anpassen kann.

Nature is thoroughly mediate. 11.5

Die Natur ist durch und durch ein Vermittler.

It is made to serve. 11.6

Sie ist dazu gemacht, zu dienen.

It receives the dominion of man as meekly as the ass on which the Saviour rode. 11.7

Sie empfängt die Herrschaft des Menschen so sanftmütig wie der Esel, auf dem der Heiland ritt.

It offers all its kingdoms to man as the raw material which he may mould into what is useful. 11.8

Sie bietet dem Menschen alle ihre Reiche als Rohmaterial an, das er zu etwas Nützlichem formen kann.

Man is never weary of working it up. 11.9

Der Mensch wird nicht müde, sie zu bearbeiten.

He forges the subtile and delicate air into wise and melodious words, and gives them wing as angels of persuasion and command. 11.10

Er schmiedet die subtile und zarte Luft zu klugen und wohlklingenden Worten und verleiht ihnen Flügel als Engel der Überzeugung und des Befehls.

11.11 One after another, his victorious thought comes up with and reduces all things, until the world becomes, at last, only a realized will, — the double of the man.

Einer nach dem anderen kommt sein siegreicher Gedanke auf und reduziert alle Dinge, bis die Welt schließlich nur noch ein verwirklichter Wille ist, das Double des Menschen.

12.1 2. Sensible objects conform to the premonitions of Reason and reflect the conscience.

2. Die sinnlichen Dinge entsprechen den Vorahnungen der Vernunft und spiegeln das Gewissen wider.

12.2 All things are moral; and in their boundless changes have an unceasing reference to spiritual nature.

Alle Dinge sind moralisch und haben in ihren grenzenlosen Veränderungen einen unaufhörlichen Bezug zur geistigen Natur.

12.3 Therefore is nature glorious with form, color, and motion, that every globe in the remotest heaven; every chemical change from the rudest crystal up to the laws of life; every change of vegetation from the first principle of growth in the eye of a leaf, to the tropical forest and antediluvian coal-mine; every animal function from the sponge up to Hercules, shall hint or thunder to man the laws of right and wrong, and echo the Ten Commandments.

Deshalb ist die Natur so herrlich in Form, Farbe und Bewegung, dass jeder Globus im entferntesten Himmel, jede chemische Veränderung vom gröbsten Kristall bis zu den Gesetzen des Lebens, jede Veränderung der Vegetation vom ersten Wachstumsprinzip im Auge eines Blattes bis zum tropischen Wald und der vorsintflutlichen Kohlenmine, jede tierische Funktion vom Schwamm bis zum Herkules dem Menschen die Gesetze von Recht und Unrecht andeuten oder aufdonnern und die Zehn Gebote wiederholen.

Therefore is nature ever the ally of Religion: 12.4
Daher ist die Natur stets die Verbündete der Religion:

lends all her pomp and riches to the religious sentiment. 12.5
Sie leiht dem religiösen Gefühl all ihren Prunk und Reichtum.

Prophet and priest, David, Isaiah, Jesus, have drawn deeply from this source. 12.6
Propheten und Priester, David, Jesaja, Jesus, haben aus dieser Quelle geschöpft.

This ethical character so penetrates the bone and marrow of nature, as to seem the end for which it was made. 12.7
Dieser ethische Charakter dringt so tief in Knochen und Mark der Natur ein, dass er als der Zweck erscheint, für den sie geschaffen wurde.

Whatever private purpose is answered by any member or part, this is its public and universal function, and is never omitted. 12.8
Welchen privaten Zweck auch immer ein Glied oder ein Teil erfüllen mag, dies ist seine öffentliche und universelle Funktion, die niemals ausgelassen wird.

Nothing in nature is exhausted in its first use. 12.9
Nichts in der Natur ist in seinem ersten Gebrauch erschöpft.

When a thing has served an end to the uttermost, 12.10
Wenn ein Ding einem Zweck bis zum Äußersten gedient hat,

it is wholly new for an ulterior service. 12.11
ist es ganz neu für einen anderen Dienst.

12.12 **In God, every end is converted into a new means.**
Bei Gott wird jeder Zweck in ein neues Mittel umgewandelt.

12.13 **Thus the use of commodity, regarded by itself, is mean and squalid.**
So ist der Gebrauch von Waren, für sich betrachtet, gemein und schäbig.

12.14 **But it is to the mind an education in the doctrine of Use, namely, that a thing is good only so far as it serves;**
Aber er ist für den Verstand eine Erziehung in der Lehre vom Nutzen, nämlich dass ein Ding nur so weit gut ist, wie es dient;

12.15 **that a conspiring of parts and efforts to the production of an end, is essential to any being.**
dass ein Zusammenwirken von Teilen und Bemühungen zur Herstellung eines Zwecks für jedes Wesen wesentlich ist.

12.16 **The first and gross manifestation of this truth, is our inevitable and hated training in values and wants, in corn and meat.**
Die erste und gröbste Manifestation dieser Wahrheit ist unsere unvermeidliche und verhasste Ausbildung in Werten und Bedürfnissen, in Getreide und Fleisch.

13.1 **It has already been illustrated,**
Es wurde bereits dargelegt,

13.2 **that every natural process is a version of a moral sentence.**
dass jeder natürliche Prozess eine Version eines moralischen Satzes ist.

The moral law lies at the centre of nature and radiates to the circumference. 13.3

Das moralische Gesetz liegt im Zentrum der Natur und strahlt nach außen aus.

It is the pith and marrow of every substance, every relation, and every process. 13.4

Es ist Mark und Bein eines jeden Stoffes, einer jeden Beziehung und eines jeden Vorgangs.

All things with which we deal, preach to us. 13.5

Alle Dinge, mit denen wir zu tun haben, predigen zu uns.

What is a farm but a mute gospel? 13.6

Was ist ein Bauernhof anderes als ein stummes Evangelium?

The chaff and the wheat, weeds and plants, blight, rain, insects, sun, - 13.7

Die Spreu und der Weizen, das Unkraut und die Pflanzen, die Fäule, der Regen, die Insekten, die Sonne -

it is a sacred emblem from the first furrow of spring to the last stack which the snow of winter overtakes in the fields. 13.8

alles ist ein heiliges Zeichen, von der ersten Furche des Frühlings bis zum letzten Stapel, den der Schnee des Winters auf den Feldern bedeckt.

But the sailor, the shepherd, the miner, the merchant, in their several resorts, have each an experience precisely parallel, and leading to the same conclusion: 13.9

Aber der Seemann, der Schafhirte, der Bergmann, der Kaufmann haben an ihren verschiedenen Aufenthaltsorten jeweils eine genau parallele Erfahrung, die zu demselben Ergebnis führt:

13.10 **because all organizations are radically alike.**

denn alle Organisationen sind sich grundlegend ähnlich.

13.11 **Nor can it be doubted that this moral sentiment which thus scents the air, grows in the grain, and impregnates the waters of the world, is caught by man and sinks into his soul.**

Es kann auch nicht bezweifelt werden, dass dieses sittliche Gefühl, das so die Luft riecht, im Korn wächst und die Gewässer der Welt befruchtet, vom Menschen aufgefangen wird und in seine Seele eindringt.

13.12 **The moral influence of nature upon every individual is that amount of truth which it illustrates to him.**

Der sittliche Einfluss der Natur auf jeden Menschen ist das Maß an Wahrheit, das sie ihm vor Augen führt.

13.13 **Who can estimate this?**

Wer kann das einschätzen?

13.14 **Who can guess how much firmness the sea-beaten rock has taught the fisherman?**

Wer kann ermessen, wie viel Festigkeit der vom Meer umspülte Fels den Fischer gelehrt hat?

13.15 **how much tranquillity has been reflected to man from the azure sky, over whose unspotted deeps the winds forevermore drive flocks of stormy clouds, and leave no wrinkle or stain?**

wie viel Ruhe dem Menschen vom azurblauen Himmel widergespiegelt wurde, über dessen unbefleckte Tiefen die Winde ewig Schwärme stürmischer Wolken treiben und keine Falten oder Flecken hinterlassen?

13.16 **how much industry and providence and affection we have caught from the pantomime of brutes?**

wie viel Fleiß und Vorsehung und Zuneigung wir von der Pantomime der Tiere aufgefangen haben?

What a searching preacher of self-command is the varying phenomenon of Health! 13.17

Welch ein Lehrmeister der Selbstbeherrschung ist das wechselnde Phänomen der Gesundheit!

Herein is especially apprehended the unity of Nature, — the unity in variety, — which meets us everywhere. 14.1

Hier wird die Einheit der Natur, die Einheit in der Vielfalt, die uns überall begegnet, besonders deutlich.

All the endless variety of things make an identical impression. 14.2

All die unendliche Vielfalt der Dinge macht einen identischen Eindruck.

Xenophanes complained in his old age, that, look where he would, all things hastened back to Unity. 14.3

Xenophanes beklagte sich in seinem Alter, dass alle Dinge, wohin er auch blicke, zur Einheit zurückkehrten.

He was weary of seeing the same entity in the tedious variety of forms. 14.4

Er war es leid, ein und dasselbe Wesen in der ermüdenden Vielfalt der Formen zu sehen.

The fable of Proteus has a cordial truth. 14.5

Die Fabel von Proteus hat eine herzliche Wahrheit.

A leaf, a drop, a crystal, a moment of time is related to the whole, and partakes of the perfection of the whole. 14.6

Ein Blatt, ein Tropfen, ein Kristall, ein Augenblick der Zeit ist mit dem Ganzen verbunden und hat Anteil an der Vollkommenheit des Ganzen.

14.7 **Each particle is a microcosm, and faithfully renders the likeness of the world.**

Jedes Teilchen ist ein Mikrokosmos und gibt das Abbild der Welt getreu wieder.

15.1 **Not only resemblances exist in things whose analogy is obvious, as when we detect the type of the human hand in the flipper of the fossil saurus, but also in objects wherein there is great superficial unlikeness.**

Ähnlichkeiten gibt es nicht nur bei Dingen, deren Analogie offensichtlich ist, wie wenn wir den Typus der menschlichen Hand in der Flosse des fossilen Sauriers erkennen, sondern auch bei Objekten, bei denen eine große oberflächliche Unähnlichkeit besteht.

15.2 **Thus architecture is called**

So wird die Architektur von De Stael und Goethe als

15.3 **"frozen music," by De Stael and Goethe.**

"gefrorene Musik" bezeichnet.

15.4 **Vitruvius thought an architect should be a musician.**

Vitruv meinte, ein Architekt müsse ein Musiker sein.

15.5 **"A Gothic church," said Coleridge,**

"Eine gotische Kirche," sagte Coleridge,

15.6 **"is a petrified religion."**

"ist eine versteinerte Religion."

15.7 **Michael Angelo maintained, that, to an architect, a knowledge of anatomy is essential.**

Michael Angelo vertrat die Ansicht, dass für einen Architekten Kenntnisse der Anatomie unerlässlich sind.

In Haydn's oratorios, the notes present to the
imagination not only motions, as, of the snake, the
stag, and the elephant, but colors also; as the green
grass.

15.8

In Haydns Oratorien stellen die Töne der Phantasie nicht
nur Bewegungen wie die der Schlange, des Hirsches und
des Elefanten vor, sondern auch Farben wie das grüne Gras.

The law of harmonic sounds reappears in the
harmonic colors.

15.9

Das Gesetz der harmonischen Klänge findet sich in den
harmonischen Farben wieder.

The granite is differenced in its laws only by the more
or less of heat,

15.10

Der Granit unterscheidet sich in seinen Gesetzen nur durch
das Mehr oder Weniger an Wärme vom Fluss,

from the river that wears it away.

15.11

der ihn abträgt.

The river, as it flows, resembles the air that flows
over it;

15.12

Der Fluss, wie er fließt, gleicht der Luft, die über ihn fließt;

the air resembles the light which traverses it with
more subtile currents;

15.13

die Luft gleicht dem Licht, das ihn mit subtileren
Strömungen durchquert;

the light resembles the heat which rides with it
through Space.

15.14

das Licht gleicht der Wärme, die mit ihm durch den Raum
reist.

Each creature is only a modification of the other;

15.15

Jedes Geschöpf ist nur eine Modifikation des anderen;

15.16 **the likeness in them is more than the difference,**
die Ähnlichkeit in ihnen ist mehr als der Unterschied,

15.17 **and their radical law is one and the same.**
und ihr Grundgesetz ist ein und dasselbe.

15.18 **A rule of one art, or a law of one organization, holds true throughout nature.**
Eine Regel der einen Kunst oder ein Gesetz der einen Organisation gilt für die ganze Natur.

15.19 **So intimate is this Unity, that, it is easily seen, it lies under the undermost garment of nature, and betrays its source in Universal Spirit.**
Diese Einheit ist so innig, dass sie, wie man leicht erkennen kann, unter dem untersten Gewand der Natur liegt und ihren Ursprung im universellen Geist verrät.

15.20 **For, it pervades Thought also.**
Denn sie durchdringt auch das Denken.

15.21 **Every universal truth which we express in words, implies or supposes every other truth.**
Jede universelle Wahrheit, die wir in Worten ausdrücken, impliziert oder setzt jede andere Wahrheit voraus.

15.22 **Omne verum vero consonat.**
Omne verum vero consonat.

15.23 **It is like a great circle on a sphere, comprising all possible circles; which, however, may be drawn, and comprise it, in like manner.**
Sie ist wie ein großer Kreis auf einer Kugel, der alle möglichen Kreise einschließt, die aber auch gezeichnet werden können und sie in gleicher Weise einschließen.

Every such truth is the absolute Ens seen from one side.

15.24

Jede solche Wahrheit ist das absolute Ens von einer Seite aus gesehen.

But it has innumerable sides.

15.25

Aber sie hat zahllose Seiten.

The central Unity is still more conspicuous in actions.

16.1

Die zentrale Einheit ist in den Handlungen noch deutlicher zu erkennen.

Words are finite organs of the infinite mind.

16.2

Worte sind endliche Organe des unendlichen Geistes.

They cannot cover the dimensions of what is in truth.

16.3

Sie können die Dimensionen dessen, was in Wahrheit ist, nicht erfassen.

They break, chop, and impoverish it.

16.4

Sie brechen, zerhacken und verarmen es.

An action is the perfection and publication of thought.

16.5

Eine Handlung ist die Vervollkommnung und Veröffentlichung des Gedankens.

A right action seems to fill the eye, and to be related to all nature.

16.6

Eine richtige Handlung scheint das Auge zu erfüllen und mit der ganzen Natur verbunden zu sein.

16.7 "The wise man, in doing one thing, does all; or, in the one thing he does rightly, he sees the likeness of all which is done rightly."

"Der weise Mensch tut alles, indem er eines tut, oder er sieht in dem einen, was er richtig tut, das Gleichnis von allem, was richtig getan wird."

17.1 Words and actions are not the attributes of brute nature.

Worte und Handlungen sind nicht die Attribute der rohen Natur.

17.2 They introduce us to the human form,

Sie machen uns mit der menschlichen Form bekannt,

17.3 of which all other organizations appear to be degradations.

von der alle anderen Organisationen als Abwandlungen erscheinen.

17.4 When this appears among so many that surround it, the spirit prefers it to all others.

Wenn diese unter so vielen, die sie umgeben, erscheint, zieht der Geist sie allen anderen vor.

17.5 It says,

Er sagt:

17.6 'From such as this, have I drawn joy and knowledge;

"Aus einem solchen habe ich Freude und Erkenntnis geschöpft;

17.7 in such as this, have I found and beheld myself;

in einem solchen habe ich mich selbst gefunden und gesehen;

17.8 I will speak to it; it can speak again;

ich will zu ihm sprechen; er kann wieder sprechen;

it can yield me thought already formed and alive.'

17.9

er kann mir bereits geformte und lebendige Gedanken liefern.'

In fact, the eye, — the mind, — is always accompanied by these forms, male and female;

17.10

In der Tat wird das Auge, der Geist, immer von diesen Formen begleitet, männlich und weiblich;

and these are incomparably the richest informations of the power and order that lie at the heart of things.

17.11

und diese sind unvergleichlich die reichsten Informationen über die Kraft und Ordnung, die im Herzen der Dinge liegen.

Unfortunately,

17.12

Leider trägt jede von ihnen die Spuren irgendeiner Verletzung,

every one of them bears the marks as of some injury; is marred and superficially defective.

17.13

ist verunstaltet und oberflächlich defekt.

Nevertheless, far different from the deaf and dumb nature around them, these all rest like fountain-pipes on the unfathomed sea of thought and virtue whereto they alone, of all organizations, are the entrances.

17.14

Dennoch, ganz anders als die taubstumme Natur um sie herum, ruhen sie alle wie Brunnenrohre auf dem unergründlichen Meer des Denkens und der Tugend, zu dem sie allein, von allen Organisationen, die Eingänge sind.

It were a pleasant inquiry to follow into detail their ministry to our education, but where would it stop?

18.1

Es wäre eine angenehme Untersuchung, ihren Dienst an unserer Erziehung bis ins Detail zu verfolgen, aber wo würde sie aufhören?

18.2 We are associated in adolescent and adult life with some friends, who, like skies and waters, are coextensive with our idea;

Wir sind im Jugend - und Erwachsenenleben mit einigen Freunden verbunden, die, wie der Himmel und das Wasser, mit unserer Vorstellung übereinstimmen;

18.3 who, answering each to a certain affection of the soul, satisfy our desire on that side;

die, indem sie jeweils einer bestimmten Neigung der Seele entsprechen, unsere Sehnsucht nach dieser Seite befriedigen;

18.4 whom we lack power to put at such focal distance from us, that we can mend or even analyze them.

die wir nicht in die Lage versetzen können, uns so weit von ihnen zu entfernen, dass wir sie ändern oder sogar analysieren können.

18.5 We cannot choose but love them.

Wir können nicht anders, als sie zu lieben.

18.6 When much intercourse with a friend has supplied us with a standard of excellence, and has increased our respect for the resources of God who thus sends a real person to outgo our ideal;

Wenn der häufige Verkehr mit einem Freund uns einen Maßstab der Vortrefflichkeit geliefert und unsere Achtung vor den Mitteln Gottes erhöht hat, der uns auf diese Weise eine reale Person schickt, um unser Ideal zu übertreffen;

when he has, moreover, become an object of thought, 18.7
and, whilst his character retains all its unconscious
effect, is converted in the mind into solid and sweet
wisdom, -

wenn er außerdem ein Gegenstand des Denkens geworden
ist und, während sein Charakter seine ganze unbewusste
Wirkung behält, im Geist in solide und süße Weisheit
umgewandelt wird, -

it is a sign to us that his office is closing, and he is 18.8
commonly withdrawn from our sight in a short time.

dann ist das für uns ein Zeichen, dass sein Amt sich
schließt, und er wird gewöhnlich in kurzer Zeit aus
unserem Blickfeld entfernt.

CHAPTER VI - IDEALISM.

KAPITEL VI - IDEALISMUS.

1.1 **THUS is the unspeakable but intelligible and practicable meaning of the world conveyed to man, the immortal pupil, in every object of sense.**

DAMIT wird dem Menschen, dem unsterblichen Schüler, in jedem Sinnesgegenstand der unaussprechliche, aber verständliche und praktikable Sinn der Welt vermittelt.

1.2 **To this one end of Discipline, all parts of nature conspire.**

Zu diesem einen Zweck der Disziplin verschwören sich alle Teile der Natur.

2.1 **A noble doubt perpetually suggests itself, whether this end be not the Final Cause of the Universe; and whether nature outwardly exists.**

Ein edler Zweifel drängt sich immer wieder auf, ob dieser Zweck nicht die letzte Ursache des Universums ist, und ob die Natur äußerlich existiert.

It is a sufficient account of that Appearance we   2.2
call the World, that God will teach a human mind,
and so makes it the receiver of a certain number of
congruent sensations, which we call sun and moon,
man and woman, house and trade.

Es ist ein hinreichender Grund für diese Erscheinung, die
wir Welt nennen, dass Gott einen menschlichen Verstand
lehrt und ihn so zum Empfänger einer gewissen Anzahl
übereinstimmender Empfindungen macht, die wir Sonne
und Mond, Mann und Frau, Haus und Gewerbe nennen.

In my utter impotence to test the authenticity   2.3
of the report of my senses, to know whether the
impressions they make on me correspond with
outlying objects, what difference does it make,
whether Orion is up there in heaven, or some god
paints the image in the firmament of the soul?

In meiner völligen Ohnmacht, die Echtheit des Berichts
meiner Sinne zu prüfen, zu wissen, ob die Eindrücke,
die sie auf mich machen, mit den äußeren Objekten
übereinstimmen, was macht es da für einen Unterschied,
ob Orion dort oben am Himmel ist, oder irgendein Gott das
Bild am Firmament der Seele malt?

2.4 The relations of parts and the end of the whole remaining the same, what is the difference, whether land and sea interact, and worlds revolve and intermingle without number or end, — deep yawning under deep, and galaxy balancing galaxy, throughout absolute space, — or, whether, without relations of time and space, the same appearances are inscribed in the constant faith of man?

Was macht es für einen Unterschied, ob die Verhältnisse der Teile und der Zweck des Ganzen dieselben bleiben, ob Land und Meer zusammenwirken und die Welten sich drehen und vermischen, ohne Zahl und Ende, ob die Tiefe unter der Tiefe gähnt und die Galaxien im absoluten Raum die Galaxien ausgleichen, oder ob, ohne Verhältnisse von Zeit und Raum, dieselben Erscheinungen in den ständigen Glauben des Menschen eingeschrieben sind?

2.5 Whether nature enjoy a substantial existence without, or is only in the apocalypse of the mind, it is alike useful and alike venerable to me.

Ob die Natur eine substantielle Existenz außerhalb genießt, oder nur in der Apokalypse des Geistes ist, sie ist für mich gleichermaßen nützlich und verehrenswert.

2.6 Be it what it may, it is ideal to me, so long as I cannot try the accuracy of my senses.

Wie dem auch sei, sie ist für mich ideal, solange ich die Genauigkeit meiner Sinne nicht prüfen kann.

3.1 The frivolous make themselves merry with the Ideal theory,

Die Leichtsinnigen machen sich über die Idealtheorie lustig,

3.2 if its consequences were burlesque;

als wären ihre Folgen burlesk;

as if it affected the stability of nature.   3.3

als würde sie die Stabilität der Natur beeinträchtigen.

It surely does not.   3.4

Das tut sie gewiss nicht.

God never jests with us, and will not compromise the   3.5
end of nature, by permitting any inconsequence in its
procession.

Gott scherzt nie mit uns, und er wird das Ziel der Natur
nicht gefährden, indem er irgendeine Inkonsequenz in
ihrem Ablauf zulässt.

Any distrust of the permanence of laws, would   3.6
paralyze the faculties of man.

Jedes Misstrauen in die Beständigkeit der Gesetze würde
die Fähigkeiten des Menschen lähmen.

Their permanence is sacredly respected,   3.7

Ihre Beständigkeit wird heilig geachtet,

and his faith therein is perfect.   3.8

und sein Glaube daran ist vollkommen.

The wheels and springs of man are all set to the   3.9
hypothesis of the permanence of nature.

Die Räder und Federn des Menschen sind alle auf die
Hypothese der Beständigkeit der Natur ausgerichtet.

We are not built like a ship to be tossed, but like a   3.10
house to stand.

Wir sind nicht wie ein Schiff gebaut, das ins Wanken gerät,
sondern wie ein Haus, das steht.

3.11 It is a natural consequence of this structure, that, so long as the active powers predominate over the reflective, we resist with indignation any hint that nature is more short-lived or mutable than spirit.

Es ist eine natürliche Folge dieser Struktur, dass wir, solange die aktiven Kräfte über die reflektierenden überwiegen, mit Entrüstung jede Andeutung zurückweisen, dass die Natur kurzlebiger oder wandelbarer ist als der Geist.

3.12 The broker, the wheelwright, the carpenter, the toll-man, are much displeased at the intimation.

Der Makler, der Stellmacher, der Zimmermann, der Mautbeamte sind über diese Andeutung sehr verärgert.

4.1 But whilst we acquiesce entirely in the permanence of natural laws,

Aber während wir die Beständigkeit der Naturgesetze voll und ganz anerkennen,

4.2 the question of the absolute existence of nature still remains open.

bleibt die Frage nach der absoluten Existenz der Natur noch offen.

It is the uniform effect of culture on the human mind, not to shake our faith in the stability of particular phenomena, as of heat, water, azote; but to lead us to regard nature as a phenomenon, not a substance; to attribute necessary existence to spirit; to esteem nature as an accident and an effect.

4.3

Es ist die einheitliche Wirkung der Kultur auf den menschlichen Geist, unseren Glauben an die Beständigkeit einzelner Phänomene wie Wärme, Wasser, Azote nicht zu erschüttern, sondern uns dazu zu bringen, die Natur als ein Phänomen und nicht als eine Substanz zu betrachten, dem Geist eine notwendige Existenz zuzuschreiben, die Natur als einen Zufall und eine Wirkung zu betrachten.

To the senses and the unrenewed understanding, belongs a sort of instinctive belief in the absolute existence of nature.

5.1

Zu den Sinnen und dem unerneuerten Verstand gehört eine Art instinktiver Glaube an die absolute Existenz der Natur.

In their view, man and nature are indissolubly joined.

5.2

In ihrer Sicht sind Mensch und Natur untrennbar miteinander verbunden.

Things are ultimates,

5.3

Die Dinge sind Ultimaten,

and they never look beyond their sphere.

5.4

und sie schauen nie über ihren Bereich hinaus.

The presence of Reason mars this faith.

5.5

Die Anwesenheit der Vernunft trübt diesen Glauben.

5.6 The first effort of thought tends to relax this despotism of the senses, which binds us to nature as if we were a part of it, and shows us nature aloof, and, as it were, afloat.

Die erste Anstrengung des Denkens tendiert dazu, diese Willkür der Sinne zu lockern, die uns an die Natur bindet, als ob wir ein Teil von ihr wären, und zeigt uns die Natur abseits und gleichsam schwebend.

5.7 Until this higher agency intervened, the animal eye sees, with wonderful accuracy, sharp outlines and colored surfaces.

Bis zum Eingreifen dieser höheren Instanz sieht das tierische Auge mit wunderbarer Genauigkeit scharfe Umrisse und farbige Flächen.

5.8 When the eye of Reason opens, to outline and surface are at once added, grace and expression.

Wenn sich das Auge der Vernunft öffnet, kommen zu den Umrissen und Flächen sofort Anmut und Ausdruck hinzu.

5.9 These proceed from imagination and affection, and abate somewhat of the angular distinctness of objects.

Diese entspringen der Vorstellungskraft und der Zuneigung und schwächen die kantige Deutlichkeit der Gegenstände etwas ab.

5.10 If the Reason be stimulated to more earnest vision, outlines and surfaces become transparent, and are no longer seen;

Wird die Vernunft zu ernsthafterem Schauen angeregt, so werden Umrisse und Flächen durchsichtig und werden nicht mehr gesehen;

5.11 causes and spirits are seen through them.

Ursachen und Geister werden durch sie hindurch gesehen.

The best moments of life are these delicious awakenings of the higher powers, and the reverential withdrawing of nature before its God.   5.12

Die schönsten Momente des Lebens sind diese köstlichen Erweckungen der höheren Kräfte und das ehrfürchtige Zurücktreten der Natur vor ihrem Gott.

Let us proceed to indicate the effects of culture.   6.1

Lassen Sie uns nun die Auswirkungen der Kultur aufzeigen.

1. Our first institution in the Ideal philosophy is a hint from nature herself.   6.2

1. Unsere erste Einrichtung in der Idealphilosophie ist ein Hinweis der Natur selbst.

Nature is made to conspire with spirit to emancipate us.   7.1

Die Natur ist dazu gemacht, sich mit dem Geist zu verschwören, um uns zu emanzipieren.

Certain mechanical changes, a small alteration in our local position apprizes us of a dualism.   7.2

Bestimmte mechanische Veränderungen, eine kleine Änderung unserer örtlichen Position, lassen uns einen Dualismus erkennen.

We are strangely affected by seeing the shore from a moving ship, from a balloon, or through the tints of an unusual sky.   7.3

Wir sind seltsam berührt, wenn wir die Küste von einem fahrenden Schiff, von einem Ballon oder durch die Farben eines ungewöhnlichen Himmels sehen.

The least change in our point of view, gives the whole world a pictorial air.   7.4

Die kleinste Veränderung unseres Blickwinkels verleiht der ganzen Welt einen malerischen Anstrich.

7.5 A man who seldom rides, needs only to get into a coach and traverse his own town, to turn the street into a puppet-show.

Ein Mann, der selten reitet, braucht nur in eine Kutsche zu steigen und seine eigene Stadt zu durchqueren, um die Straße in ein Puppentheater zu verwandeln.

7.6 The men, the women, — talking, running, bartering, fighting, — the earnest mechanic, the lounger, the beggar, the boys, the dogs, are unrealized at once, or, at least, wholly detached from all relation to the observer, and seen as apparent, not substantial beings.

Die Männer, die Frauen, die reden, rennen, feilschen, kämpfen, der ernsthafte Mechaniker, der Faulenzer, der Bettler, die Jungen, die Hunde sind sofort unwirklich oder zumindest völlig losgelöst von jeglicher Beziehung zum Betrachter und werden als scheinbare, nicht substanzielle Wesen gesehen.

7.7 What new thoughts are suggested by seeing a face of country quite familiar,

Welch neue Gedanken entstehen,

7.8 in the rapid movement of the rail-road car!

wenn man in der raschen Bewegung des Eisenbahnwaggons ein vertrautes Gesicht des Landes sieht!

7.9 Nay, the most wonted objects, (make a very slight change in the point of vision,) please us most.

Nein, die gewohnten Gegenstände, die eine sehr geringe Veränderung des Blickwinkels erfahren, gefallen uns am meisten.

In a camera obscura, the butcher's cart, and the figure of one of our own family amuse us.

7.10

In einer Camera obscura amüsieren uns der Wagen des Metzgers und die Figur eines Familienmitglieds.

So a portrait of a well-known face gratifies us.

7.11

So erfreut uns das Porträt eines bekannten Gesichts.

Turn the eyes upside down, by looking at the landscape through your legs, and how agreeable is the picture, though you have seen it any time these twenty years!

7.12

Drehen Sie die Augen auf den Kopf, indem Sie die Landschaft durch Ihre Beine betrachten, und wie angenehm ist das Bild, obwohl Sie es seit zwanzig Jahren immer wieder gesehen haben!

In these cases, by mechanical means, is suggested the difference between the observer and the spectacle, — between man and nature.

8.1

In diesen Fällen wird durch mechanische Mittel der Unterschied zwischen dem Betrachter und dem Spektakel, zwischen Mensch und Natur suggeriert.

Hence arises a pleasure mixed with awe;

8.2

Daraus ergibt sich ein mit Ehrfurcht gemischtes Vergnügen;

I may say, a low degree of the sublime is felt from the fact, probably, that man is hereby apprized, that, whilst the world is a spectacle, something in himself is stable.

8.3

ich kann sagen, ein niedriger Grad des Erhabenen wird wahrscheinlich dadurch empfunden, dass der Mensch hierdurch gewahr wird, dass, während die Welt ein Spektakel ist, etwas in ihm selbst stabil ist.

9.1 **2. In a higher manner, the poet communicates the same pleasure.**
2. Auf eine höhere Weise vermittelt der Dichter dasselbe Vergnügen.

9.2 **By a few strokes he delineates, as on air, the sun, the mountain, the camp, the city, the hero, the maiden, not different from what we know them, but only lifted from the ground and afloat before the eye.**
Mit wenigen Strichen schildert er, wie in der Luft, die Sonne, den Berg, das Lager, die Stadt, den Helden, die Jungfrau, nicht anders, als wir sie kennen, sondern nur vom Boden abgehoben und vor dem Auge schwebend.

9.3 **He unfixes the land and the sea, makes them revolve around the axis of his primary thought, and disposes them anew.**
Er löst das Land und das Meer auf, lässt sie um die Achse seines ursprünglichen Gedankens kreisen und ordnet sie neu an.

9.4 **Possessed himself by a heroic passion,**
Selbst von einer heroischen Leidenschaft besessen,

9.5 **he uses matter as symbols of it.**
benutzt er die Materie als Symbol für diese Leidenschaft.

9.6 **The sensual man conforms thoughts to things;**
Der sinnliche Mensch passt die Gedanken den Dingen an;

9.7 **the poet conforms things to his thoughts.**
der Dichter passt die Dinge seinen Gedanken an.

9.8 **The one esteems nature as rooted and fast; the other, as fluid, and impresses his being thereon.**
Der eine betrachtet die Natur als fest verwurzelt und unverrückbar, der andere als flüssig und drückt ihr sein Wesen auf.

To him, the refractory world is ductile and flexible; 9.9

Für ihn ist die widerspenstige Welt dehnbar und biegsam;

he invests dust and stones with humanity, and makes them the words of the Reason. 9.10

er verleiht Staub und Steinen Menschlichkeit und macht sie zu Worten der Vernunft.

The Imagination may be defined to be, 9.11

Die Phantasie kann als der Gebrauch definiert werden,

the use which the Reason makes of the material world. 9.12

den die Vernunft von der materiellen Welt macht.

Shakspeare possesses the power of subordinating nature for the purposes of expression, 9.13

Shakspeare besitzt wie kein anderer Dichter die Fähigkeit,

beyond all poets. 9.14

sich die Natur zum Zwecke des Ausdrucks unterzuordnen.

His imperial muse tosses the creation like a bauble from hand to hand, and uses it to embody any caprice of thought that is upper-most in his mind. 9.15

Seine kaiserliche Muse wirft die Schöpfung wie eine Spielfigur von einer Hand in die andere und benutzt sie, um jede Laune des Gedankens zu verkörpern, die ihm gerade durch den Kopf geht.

The remotest spaces of nature are visited, and the farthest sundered things are brought together, by a subtle spiritual connection. 9.16

Die entlegensten Gebiete der Natur werden aufgesucht, und die am weitesten voneinander entfernten Dinge werden durch eine subtile geistige Verbindung zusammengeführt.

9.17 **We are made aware that magnitude of material things is relative, and all objects shrink and expand to serve the passion of the poet.**
Wir werden darauf aufmerksam gemacht, dass die Größe der materiellen Dinge relativ ist, und dass alle Objekte schrumpfen und sich ausdehnen, um der Leidenschaft des Dichters zu dienen.

9.18 **Thus, in his sonnets, the lays of birds, the scents and dyes of flowers, he finds to be the shadow of his beloved;**
So findet er in seinen Sonetten die Laute der Vögel, die Düfte und Farben der Blumen als Schatten seiner Geliebten;

9.19 **time, which keeps her from him, is his chest;**
die Zeit, die sie von ihm fernhält, ist seine Brust;

9.20 **the suspicion she has awakened, is her ornament;**
der Verdacht, den sie geweckt hat, ist ihre Zierde;

The ornament of beauty is Suspect,
Die Zierde der Schönheit ist der Verdacht,

A crow which flies in heaven's sweetest air.
Eine Krähe, die in des Himmels süßester Luft fliegt.

11.1 **His passion is not the fruit of chance;**
Seine Leidenschaft ist nicht zufällig;

11.2 **it swells, as he speaks, to a city, or a state.**
sie schwillt, während er spricht, zu einer Stadt oder einem Staat an.

No, it was builded far from accident;	Nein, sie wurde keineswegs aus Zufall gebaut;
It suffers not in smiling pomp, nor falls	Sie leidet nicht in lächelndem Prunk, noch fällt sie
Under the brow of thralling discontent;	Unter der Stirn der quälenden Unzufriedenheit;
It fears not policy, that heretic,	Sie fürchtet nicht die Politik, diesen Ketzer,
That works on leases of short numbered hours,	Der auf Pachtverträgen mit kurzer Stundenzahl arbeitet,
But all alone stands hugely politic.	Aber ganz allein steht gewaltig die Politik.

In the strength of his constancy, the Pyramids seem to him recent and transitory. 13.1

In der Stärke seiner Beständigkeit erscheinen ihm die Pyramiden neu und vergänglich.

The freshness of youth and love dazzles him with its resemblance to morning. 13.2

Die Frische der Jugend und der Liebe blendet ihn durch ihre Ähnlichkeit mit dem Morgen.

Take those lips away	Nimm diese Lippen weg
Which so sweetly were forsworn;	Die so süß verschmäht wurden;

And those eyes, — the break of day,

Und diese Augen, den Anbruch des Tages,

Lights that do mislead the morn.

Lichter, die den Morgen in die Irre führen.

15.1 The wild beauty of this hyperbole, I may say, in passing, it would not be easy to match in literature.

Die wilde Schönheit dieser Übertreibung, das sei am Rande bemerkt, ist in der Literatur nur schwer zu übertreffen.

16.1 This transfiguration which all material objects undergo through the passion of the poet, — this power which he exerts to dwarf the great, to magnify the small, — might be illustrated by a thousand examples from his Plays.

Diese Verklärung, die alle materiellen Gegenstände durch die Leidenschaft des Dichters erfahren, diese Macht, die er ausübt, um das Große zu verkleinern und das Kleine zu vergrößern, könnte durch tausend Beispiele aus seinen Stücken illustriert werden.

16.2 I have before me the Tempest, and will cite only these few lines.

Ich habe den "Sturm" vor mir und werde nur diese wenigen Zeilen zitieren.

ARIEL. The strong based promontory

ARIEL. Das stark befestigte Vorgebirge

Have I made shake, and by the spurs plucked up

Habe ich zum Wanken gebracht, und mit den Sporen hochgerissen

The pine and cedar.

Die Kiefer und die Zeder.

Prospero calls for music to soothe the frantic Alonzo, 18.1
Prospero ruft nach Musik,

and his companions; 18.2
um den verzweifelten Alonzo und seine Gefährten zu
beruhigen;

A solemn air, and the best comforter	Eine feierliche Stimmung und der beste Tröster
To an unsettled fancy, cure thy brains	Für eine unruhige Phantasie, heile dein Gehirn
Now useless, boiled within thy skull.	Jetzt nutzlos, gekocht in deinem Schädel.

Again; 20.1
Wieder;

The charm dissolves apace,	Der Zauber löst sich schnell auf,
And, as the morning steals upon the night,	Und wie der Morgen sich in die Nacht stiehlt,
Melting the darkness, so their rising senses	Schmelzt die Dunkelheit, so steigen ihre Sinne
Begin to chase the ignorant fumes that mantle	beginnen die unwissenden Dämpfe zu jagen, die den Mantel der
Their clearer reason.	Ihre klarere Vernunft.

Their understanding	Ihr Verständnis
Begins to swell: and the approaching tide	Beginnt zu schwellen: und die nahende Flut
Will shortly fill the reasonable shores	Wird bald die vernünftigen Ufer füllen
That now lie foul and muddy.	die jetzt faul und schlammig sind.

22.1 The perception of real affinities between events, (that is to say, of ideal affinities, for those only are real,) enables the poet thus to make free with the most imposing forms and phenomena of the world, and to assert the predominance of the soul.

Die Wahrnehmung der realen Verwandtschaft zwischen den Ereignissen (d. h. der idealen Verwandtschaft, denn nur diese ist real) ermöglicht es dem Dichter, sich von den imposantesten Formen und Phänomenen der Welt zu befreien und die Vorherrschaft der Seele zu behaupten.

23.1 3. Whilst thus the poet animates nature with his own thoughts, he differs from the philosopher only herein, that the one proposes Beauty as his main end; the other Truth.

3. Indem der Dichter die Natur mit seinen eigenen Gedanken belebt, unterscheidet er sich vom Philosophen nur darin, dass der eine die Schönheit, der andere die Wahrheit als sein Hauptziel vorschlägt.

But the philosopher, not less than the poet, 23.2
postpones the apparent order and relations of things
to the empire of thought.

Aber der Philosoph, nicht weniger als der Dichter,
verschiebt die scheinbare Ordnung und die Beziehungen
der Dinge auf das Reich der Gedanken.

"The problem of philosophy," according to Plato, 23.3

"Das Problem der Philosophie," so Platon,

"is, for all that exists conditionally, to find a ground 23.4
unconditioned and absolute."

"besteht darin, für alles, was bedingt existiert, einen
unbedingten und absoluten Grund zu finden."

It proceeds on the faith that a law determines all 23.5
phenomena, which being known, the phenomena
can be predicted.

Sie geht von dem Glauben aus, dass ein Gesetz alle
Erscheinungen bestimmt, das, da es bekannt ist, die
Erscheinungen vorhersagen kann.

That law, when in the mind, is an idea. 23.6

Dieses Gesetz ist, wenn es im Geist ist, eine Idee.

Its beauty is infinite. 23.7

Seine Schönheit ist unendlich.

The true philosopher and the true poet are one, and a 23.8
beauty, which is truth, and a truth, which is beauty,
is the aim of both.

Der wahre Philosoph und der wahre Dichter sind eins, und
eine Schönheit, die Wahrheit ist, und eine Wahrheit, die
Schönheit ist, ist das Ziel von beiden.

23.9 **Is not the charm of one of Plato's or Aristotle's definitions, strictly like that of the Antigone of Sophocles?**

Ist der Reiz einer der Definitionen von Platon oder Aristoteles nicht genau wie der der Antigone von Sophokles?

23.10 **It is, in both cases, that a spiritual life has been imparted to nature;**

In beiden Fällen geht es darum, dass der Natur ein geistiges Leben verliehen wurde;

23.11 **that the solid seeming block of matter has been pervaded and dissolved by a thought;**

dass der feste, scheinbare Block der Materie von einem Gedanken durchdrungen und aufgelöst wurde;

23.12 **that this feeble human being has penetrated the vast masses of nature with an informing soul, and recognised itself in their harmony, that is, seized their law.**

dass dieses schwache menschliche Wesen die weiten Massen der Natur mit einer informierenden Seele durchdrungen und sich selbst in ihrer Harmonie erkannt, das heißt, ihr Gesetz ergriffen hat.

23.13 **In physics, when this is attained, the memory disburthens itself of its cumbrous catalogues of particulars, and carries centuries of observation in a single formula.**

In der Physik, wenn dies erreicht ist, entlastet sich das Gedächtnis von seinen lästigen Katalogen von Einzelheiten und trägt Jahrhunderte von Beobachtungen in einer einzigen Formel.

Thus even in physics, the material is degraded before the spiritual.   24.1

So wird auch in der Physik das Materielle vor dem Geistigen herabgewürdigt.

The astronomer, the geometer, rely on their irrefragable analysis, and disdain the results of observation.   24.2

Der Astronom, der Geometer verlassen sich auf ihre unumstößliche Analyse und verschmähen die Ergebnisse der Beobachtung.

The sublime remark of Euler on his law of arches,   24.3

Die erhabene Bemerkung Eulers über sein Bogengesetz:

"This will be found contrary to all experience, yet is true;"   24.4

"Es wird sich herausstellen, dass es aller Erfahrung widerspricht und doch wahr ist,"

had already transferred nature into the mind, and left matter like an outcast corpse.   24.5

hatte die Natur bereits in den Geist verlagert und die Materie wie einen ausgestoßenen Leichnam zurückgelassen.

4. Intellectual science has been observed to beget invariably a doubt of the existence of matter.   25.1

4. Man hat beobachtet, dass die intellektuelle Wissenschaft immer einen Zweifel an der Existenz der Materie hervorruft.

Turgot said,   25.2

Turgot sagte:

25.3 "He that has never doubted the existence of matter, may be assured he has no aptitude for metaphysical inquiries."

"Wer nie an der Existenz der Materie gezweifelt hat, kann sicher sein, dass er keine Begabung für metaphysische Untersuchungen hat."

25.4 It fastens the attention upon immortal necessary uncreated natures, that is, upon Ideas;

Sie lenkt die Aufmerksamkeit auf unsterbliche, notwendige, ungeschaffene Naturen, d.h. auf Ideen;

25.5 and in their presence,

und in ihrer Gegenwart fühlen wir,

25.6 we feel that the outward circumstance is a dream and a shade.

dass die äußeren Umstände ein Traum und ein Schatten sind.

25.7 Whilst we wait in this Olympus of gods,

Während wir in diesem Olymp der Götter warten,

25.8 we think of nature as an appendix to the soul.

betrachten wir die Natur als einen Anhang der Seele.

25.9 We ascend into their region,

Wir steigen in ihre Region auf und wissen,

25.10 and know that these are the thoughts of the Supreme Being.

dass dies die Gedanken des Höchsten Wesens sind.

25.11 "These are they who were set up from everlasting, from the beginning, or ever the earth was.

"Diese sind es, die von Ewigkeit her eingesetzt wurden, von Anfang an, oder seit die Erde besteht.

When he prepared the heavens, they were there; 25.12
when he established the clouds above, when he
strengthened the fountains of the deep.

Als er den Himmel bereitete, waren sie da, als er die
Wolken oben aufbaute, als er die Quellen der Tiefe stärkte.

Then they were by him, as one brought up with him. 25.13

Da waren sie bei ihm, als wären sie mit ihm aufgewachsen.

Of them took he counsel." 25.14

Und er beriet sich mit ihnen."

Their influence is proportionate. 26.1

Ihr Einfluss ist verhältnismäßig.

As objects of science, they are accessible to few men. 26.2

Als Objekte der Wissenschaft sind sie nur wenigen
Menschen zugänglich.

Yet all men are capable of being raised by piety or by 26.3
passion,

Dennoch sind alle Menschen fähig,

into their region. 26.4

durch Frömmigkeit oder Leidenschaft in ihren Bereich
erhoben zu werden.

And no man touches these divine natures, without 26.5
becoming, in some degree, himself divine.

Und kein Mensch berührt diese göttlichen Naturen, ohne
in gewissem Maße selbst göttlich zu werden.

Like a new soul, they renew the body. 26.6

Wie eine neue Seele, so erneuern sie den Körper.

We become physically nimble and lightsome; 26.7

Wir werden körperlich beweglich und leicht;

26.8 **we tread on air;**

wir treten auf Luft;

26.9 **life is no longer irksome, and we think it will never be so.**

das Leben ist nicht mehr lästig, und wir denken, es wird nie mehr so sein.

26.10 **No man fears age or misfortune or death, in their serene company, for he is transported out of the district of change.**

Kein Mensch fürchtet das Alter, das Unglück oder den Tod in ihrer heiteren Gesellschaft, denn er ist aus dem Bezirk der Veränderung herausgeholt.

26.11 **Whilst we behold unveiled the nature of Justice and Truth,**

Während wir das Wesen von Gerechtigkeit und Wahrheit unverhüllt betrachten,

26.12 **we learn the difference between the absolute and the conditional or relative.**

lernen wir den Unterschied zwischen dem Absoluten und dem Bedingten oder Relativen.

26.13 **We apprehend the absolute.**

Wir begreifen das Absolute.

26.14 **As it were, for the first time, we exist.**

Wir existieren sozusagen zum ersten Mal.

26.15 **We become immortal, for we learn that time and space are relations of matter;**

Wir werden unsterblich, denn wir lernen, dass Zeit und Raum Beziehungen der Materie sind;

that, with a perception of truth, or a virtuous will, they have no affinity.

26.16

dass sie mit der Wahrnehmung der Wahrheit oder einem tugendhaften Willen keine Affinität haben.

5. Finally, religion and ethics, which may be fitly called, — the practice of ideas, or the introduction of ideas into life, — have an analogous effect with all lower culture, in degrading nature and suggesting its dependence on spirit.

27.1

5. Schließlich haben Religion und Ethik, die man treffend als die Ausübung von Ideen oder die Einführung von Ideen in das Leben bezeichnen kann, eine analoge Wirkung auf alle niedere Kultur, indem sie die Natur herabsetzen und ihre Abhängigkeit vom Geist nahelegen.

Ethics and religion differ herein; that the one is the system of human duties commencing from man; the other, from God.

27.2

Ethik und Religion unterscheiden sich darin, dass die eine das System der menschlichen Pflichten ist, das vom Menschen ausgeht, die andere von Gott.

Religion includes the personality of God;

27.3

Die Religion schließt die Persönlichkeit Gottes ein;

Ethics does not. They are one to our present design.

27.4

die Ethik nicht. Für unser heutiges Verständnis sind sie eins.

They both put nature under foot.

27.5

Beide legen die Natur unter die Füße.

The first and last lesson of religion is:

27.6

Die erste und letzte Lektion der Religion lautet:

27.7   "The things that are seen, are temporal;
"Was man sieht, ist vergänglich;

27.8   the things that are unseen, are eternal."
was man nicht sieht, ist ewig."

27.9   It puts an affront upon nature.
Das ist ein Affront gegen die Natur.

27.10   It does that for the unschooled,
Sie tut das für die Ungebildeten,

27.11   which philosophy does for Berkeley and Viasa.
was die Philosophie für Berkeley und Viasa tut.

27.12   The uniform language that may be heard in the churches of the most ignorant sects, is, — "Contemn the unsubstantial shows of the world;
Die einheitliche Sprache, die in den Kirchen der unwissendsten Sekten zu hören ist, lautet: "Verachte die substanzlosen Schauspiele der Welt;

27.13   they are vanities, dreams, shadows, unrealities;
sie sind Eitelkeiten, Träume, Schatten, Unwirklichkeiten;

27.14   seek the realities of religion."
suche die Wirklichkeiten der Religion."

27.15   The devotee flouts nature.
Der Gottgeweihte missachtet die Natur.

27.16   Some theosophists have arrived at a certain hostility and indignation towards matter,
Einige Theosophen sind zu einer gewissen Feindseligkeit und Empörung gegenüber der Materie gelangt,

as the Manichean and Plotinus.   27.17
wie der Manichäer und Plotin.

They distrusted in themselves any looking back to   27.18
these flesh-pots of Egypt.
Sie misstrauten in sich selbst jeglichem Blick zurück zu
diesen Fleischtöpfen Ägyptens.

Plotinus was ashamed of his body.   27.19
Plotinus schämte sich seines Körpers.

In short, they might all say of matter, what Michael   27.20
Angelo said of external beauty,
Kurzum, sie alle könnten von der Materie sagen, was
Michael Angelo von der äußeren Schönheit sagte:

"it is the frail and weary weed, in which God dresses   27.21
the soul, which he has called into time."
"Sie ist das zerbrechliche und müde Unkraut, in das Gott
die Seele kleidet, die er in die Zeit gerufen hat."

It appears that motion, poetry, physical and   28.1
intellectual science, and religion, all tend to affect
our convictions of the reality of the external world.
Es scheint, dass Bewegung, Poesie, physikalische und
intellektuelle Wissenschaft und Religion alle dazu neigen,
unsere Überzeugungen von der Realität der äußeren Welt
zu beeinflussen.

But I own there is something ungrateful in   28.2
expanding too curiously the particulars of the
general proposition, that all culture tends to imbue
us with idealism.
Aber ich gebe zu, dass es etwas Undankbares hat, wenn
man die Einzelheiten des allgemeinen Satzes, dass alle
Kultur dazu neigt, uns mit Idealismus zu erfüllen, zu
neugierig ausdehnt.

28.3 I have no hostility to nature,
Ich habe keine Feindseligkeit gegenüber der Natur,

28.4 but a child's love to it.
sondern die Liebe eines Kindes zu ihr.

28.5 I expand and live in the warm day like corn and melons.
Ich dehne mich aus und lebe im warmen Tag wie Mais und Melonen.

28.6 Let us speak her fair.
Lasst uns ihr gerecht werden.

28.7 I do not wish to fling stones at my beautiful mother,
Ich will meine schöne Mutter nicht mit Steinen bewerfen,

28.8 nor soil my gentle nest.
noch mein sanftes Nest beschmutzen.

28.9 I only wish to indicate the true position of nature in regard to man, wherein to establish man, all right education tends;
Ich will nur auf die wahre Stellung der Natur zum Menschen hinweisen, auf die hin alle rechte Erziehung zielt;

28.10 as the ground which to attain is the object of human life, that is, of man's connection with nature.
denn der Grund, den es zu erreichen gilt, ist das Ziel des menschlichen Lebens, d.h. der Verbindung des Menschen mit der Natur.

Culture inverts the vulgar views of nature, and brings the mind to call that apparent, which it uses to call real, and that real, which it uses to call visionary. 28.11

Die Kultur kehrt die vulgären Ansichten von der Natur um und bringt den Verstand dazu, das Scheinbare, das er zu nennen pflegt, wirklich zu nennen, und das Wirkliche, das er zu nennen pflegt, visionär.

Children, it is true, believe in the external world. 28.12

Die Kinder glauben zwar an die äußere Welt.

The belief that it appears only, is an afterthought, but with culture, this faith will as surely arise on the mind as did the first. 28.13

Der Glaube, dass sie nur erscheint, ist ein nachträglicher Gedanke, aber mit der Kultur wird dieser Glaube genauso sicher im Geist entstehen wie der erste.

The advantage of the ideal theory over the popular faith, is this, that it presents the world in precisely that view which is most desirable to the mind. 29.1

Der Vorteil der idealen Theorie gegenüber dem Volksglauben besteht darin, dass sie die Welt in genau der Sichtweise darstellt, die für den Verstand am wünschenswertesten ist.

It is, in fact, the view which Reason, both speculative and practical, that is, philosophy and virtue, take. 29.2

Es ist in der Tat die Ansicht, die die Vernunft, sowohl die spekulative als auch die praktische, das heißt die Philosophie und die Tugend, einnimmt.

For, seen in the light of thought, the world always is phenomenal; 29.3

Denn im Lichte des Denkens betrachtet, ist die Welt immer phänomenal;

29.4 **and virtue subordinates it to the mind.**
und die Tugend ordnet sie dem Verstand unter.

29.5 **Idealism sees the world in God.**
Der Idealismus sieht die Welt in Gott.

29.6 **It beholds the whole circle of persons and things, of actions and events, of country and religion, not as painfully accumulated, atom after atom, act after act, in an aged creeping Past, but as one vast picture, which God paints on the instant eternity, for the contemplation of the soul.**
Er sieht den ganzen Kreis der Personen und Dinge, der Handlungen und Ereignisse, des Landes und der Religion, nicht als mühsam angehäufte, Atom für Atom, Akt für Akt, in einer alten, schleichenden Vergangenheit, sondern als ein einziges großes Bild, das Gott in der augenblicklichen Ewigkeit für die Betrachtung der Seele malt.

29.7 **Therefore the soul holds itself off from a too trivial and microscopic study of the universal tablet.**
Deshalb hält sich die Seele von einem allzu trivialen und mikroskopischen Studium der Universaltafel zurück.

29.8 **It respects the end too much,**
Sie respektiert den Zweck zu sehr,

29.9 **to immerse itself in the means.**
um sich in die Mittel zu vertiefen.

29.10 **It sees something more important in Christianity, than the scandals of ecclesiastical history, or the niceties of criticism;**
Sie sieht im Christentum etwas Wichtigeres als die Skandale der Kirchengeschichte oder die Feinheiten der Kritik;

and, very incurious concerning persons or miracles, and not at all disturbed by chasms of historical evidence, it accepts from God the phenomenon, as it finds it, as the pure and awful form of religion in the world. 29.11

und, sehr uninteressiert an Personen oder Wundern und nicht im Geringsten durch Abgründe historischer Beweise gestört, nimmt sie das Phänomen, so wie sie es findet, von Gott als die reine und schreckliche Form der Religion in der Welt an.

It is not hot and passionate at the appearance of what it calls its own good or bad fortune, at the union or opposition of other persons. 29.12

Sie ist nicht heiß und leidenschaftlich beim Auftreten dessen, was sie ihr eigenes Glück oder Unglück nennt, bei der Vereinigung oder Opposition anderer Personen.

No man is its enemy. 29.13

Kein Mensch ist ihr Feind.

It accepts whatsoever befalls, as part of its lesson. 29.14

Sie nimmt alles, was ihr widerfährt, als Teil ihrer Lektion hin.

It is a watcher more than a doer, and it is a doer, only that it may the better watch. 29.15

Sie ist mehr ein Beobachter als ein Handelnder, und sie ist ein Handelnder, nur damit sie besser beobachten kann.

CHAPTER VII - SPIRIT.

KAPITEL VII - GEIST.

1.1 **IT is essential to a true theory of nature and of man,**
Es ist wesentlich für eine wahre Theorie der Natur und des Menschen,

1.2 **that it should contain somewhat progressive.**
dass sie etwas Fortschrittliches enthält.

1.3 **Uses that are exhausted or that may be, and facts that end in the statement, cannot be all that is true of this brave lodging wherein man is harbored, and wherein all his faculties find appropriate and endless exercise.**
Nutzungen, die erschöpft sind oder sein können, und Tatsachen, die in der Feststellung enden, können nicht alles sein, was auf diese tapfere Behausung zutrifft, in der der Mensch beherbergt ist und in der alle seine Fähigkeiten eine angemessene und endlose Übung finden.

1.4 **And all the uses of nature admit of being summed in one,**
Und alle Nutzungen der Natur lassen sich in einer einzigen zusammenfassen,

which yields the activity of man an infinite scope. 1.5

die der Tätigkeit des Menschen einen unendlichen
Spielraum gibt.

Through all its kingdoms, to the suburbs and 1.6
outskirts of things, it is faithful to the cause whence it
had its origin.

In all ihren Reichen, bis in die Vororte und Außenbezirke
der Dinge, bleibt sie dem Grund treu, aus dem sie
entstanden ist.

It always speaks of Spirit. It suggests the absolute. 1.7

Sie spricht immer vom Geist. Sie suggeriert das Absolute.

It is a perpetual effect. 1.8

Sie ist eine immerwährende Wirkung.

It is a great shadow pointing always to the sun 1.9
behind us.

Sie ist ein großer Schatten, der immer auf die Sonne hinter
uns zeigt.

The aspect of nature is devout. 2.1

Der Aspekt der Natur ist andächtig.

Like the figure of Jesus, she stands with bended head, 2.2
and hands folded upon the breast.

Wie die Gestalt Jesu steht sie mit gebeugtem Haupt und auf
der Brust gefalteten Händen.

The happiest man is he who learns from nature the 2.3
lesson of worship.

Der glücklichste Mensch ist der, der von der Natur die
Lektion der Anbetung lernt.

3.1 Of that ineffable essence which we call Spirit, he that thinks most, will say least.

Von dem unaussprechlichen Wesen, das wir Geist nennen, wird derjenige, der am meisten denkt, am wenigsten sagen.

3.2 We can foresee God in the coarse, and, as it were, distant phenomena of matter;

Wir können Gott in den groben und gleichsam fernen Erscheinungen der Materie erahnen;

3.3 but when we try to define and describe himself, both language and thought desert us, and we are as helpless as fools and savages.

aber wenn wir versuchen, ihn zu definieren und zu beschreiben, verlassen uns sowohl Sprache als auch Denken, und wir sind so hilflos wie Narren und Wilde.

3.4 That essence refuses to be recorded in propositions, but when man has worshipped him intellectually, the noblest ministry of nature is to stand as the apparition of God.

Dieses Wesen weigert sich, in Sätzen festgehalten zu werden, aber wenn der Mensch es intellektuell verehrt hat, besteht das edelste Amt der Natur darin, als die Erscheinung Gottes dazustehen.

3.5 It is the organ through which the universal spirit speaks to the individual, and strives to lead back the individual to it.

Sie ist das Organ, durch das der universale Geist zum Individuum spricht und danach strebt, das Individuum zu ihm zurück zu führen.

When we consider Spirit, we see that the views already presented do not include the whole circumference of man.

4.1

Wenn wir den Geist betrachten, sehen wir, dass die bereits dargelegten Ansichten nicht den gesamten Umfang des Menschen umfassen.

We must add some related thoughts.

4.2

Wir müssen einige verwandte Gedanken hinzufügen.

Three problems are put by nature to the mind; What is matter?

5.1

Drei Probleme werden von der Natur an den Verstand gestellt: Was ist Materie?

Whence is it? and Whereto?

5.2

Woher kommt sie? und Wohin geht sie?

The first of these questions only, the ideal theory answers.

5.3

Nur die erste dieser Fragen wird von der idealen Theorie beantwortet.

Idealism saith: matter is a phenomenon,

5.4

Der Idealismus sagt: Die Materie ist ein Phänomen,

not a substance.

5.5

keine Substanz.

Idealism acquaints us with the total disparity between the evidence of our own being, and the evidence of the world's being.

5.6

Der Idealismus macht uns mit der völligen Ungleichheit zwischen den Beweisen für unser eigenes Sein und den Beweisen für das Sein der Welt vertraut.

5.7 The one is perfect; the other, incapable of any assurance; the mind is a part of the nature of things; the world is a divine dream, from which we may presently awake to the glories and certainties of day.

Der Geist ist ein Teil der Natur der Dinge; die Welt ist ein göttlicher Traum, aus dem wir vielleicht bald zu den Herrlichkeiten und Gewissheiten des Tages erwachen werden.

5.8 Idealism is a hypothesis to account for nature by other principles than those of carpentry and chemistry.

Der Idealismus ist eine Hypothese, um die Natur durch andere Prinzipien als die der Tischlerei und der Chemie zu erklären.

5.9 Yet, if it only deny the existence of matter, it does not satisfy the demands of the spirit.

Doch wenn er nur die Existenz der Materie leugnet, befriedigt er nicht die Forderungen des Geistes.

5.10 It leaves God out of me.

Sie lässt Gott aus mir heraus.

5.11 It leaves me in the splendid labyrinth of my perceptions,

Sie lässt mich in dem herrlichen Labyrinth meiner Wahrnehmungen umherirren,

5.12 to wander without end.

ohne Ende.

5.13 Then the heart resists it, because it balks the affections in denying substantive being to men and women.

Das Herz sträubt sich dagegen, weil es den Gefühlen einen Strich durch die Rechnung macht, indem es den Männern und Frauen das substantielle Sein abspricht.

Nature is so pervaded with human life, that there is something of humanity in all, and in every particular.

5.14

Die Natur ist so sehr von menschlichem Leben durchdrungen, dass in allem und jedem etwas Menschliches steckt.

But this theory makes nature foreign to me,

5.15

Aber diese Theorie macht die Natur für mich fremd und erklärt nicht die Verwandtschaft,

and does not account for that consanguinity which we acknowledge to it.

5.16

die wir ihr zugestehen.

Let it stand, then, in the present state of our knowledge, merely as a useful introductory hypothesis, serving to apprize us of the eternal distinction between the soul and the world.

6.1

Beim gegenwärtigen Stand unseres Wissens ist sie also nur eine nützliche einleitende Hypothese, die dazu dient, uns den ewigen Unterschied zwischen der Seele und der Welt vor Augen zu führen.

But when, following the invisible steps of thought, we come to inquire, Whence is matter?

7.1

Wenn wir aber den unsichtbaren Schritten des Denkens folgen und uns fragen: "Woher kommt die Materie?

and Whereto?"

7.2

und Wohin?"

many truths arise to us out of the recesses of consciousness.

7.3

dann tauchen viele Wahrheiten aus den Tiefen des Bewusstseins auf.

7.4 We learn that the highest is present to the soul of man, that the dread universal essence, which is not wisdom, or love, or beauty, or power, but all in one, and each entirely, is that for which all things exist, and that by which they are;

Wir lernen, dass das Höchste der Menschenseele gegenwärtig ist, dass die furchtbare universelle Essenz, die nicht Weisheit oder Liebe oder Schönheit oder Kraft ist, sondern alles in einem und jedes ganz, das ist, wofür alle Dinge existieren und wodurch sie sind;

7.5 that spirit creates;

dass der Geist erschafft;

7.6 that behind nature, throughout nature, spirit is present;

dass hinter der Natur, in der ganzen Natur, der Geist gegenwärtig ist;

7.7 one and not compound, it does not act upon us from without, that is, in space and time, but spiritually, or through ourselves:

eins und nicht zusammengesetzt, er wirkt nicht von außen, das heißt in Raum und Zeit, auf uns ein, sondern geistig oder durch uns selbst:

7.8 therefore, that spirit, that is, the Supreme Being, does not build up nature around us, but puts it forth through us, as the life of the tree puts forth new branches and leaves through the pores of the old.

Daher baut der Geist, das heißt das höchste Wesen, die Natur nicht um uns herum auf, sondern bringt sie durch uns hervor, wie das Leben des Baumes neue Zweige und Blätter durch die Poren des alten hervorbringt.

7.9 As a plant upon the earth,

Wie eine Pflanze auf der Erde,

so a man rests upon the bosom of God;   7.10
so ruht der Mensch im Schoße Gottes;

he is nourished by unfailing fountains, and draws, at   7.11
his need, inexhaustible power.
er wird von unerschöpflichen Quellen genährt und schöpft,
wenn er es braucht, unerschöpfliche Kraft.

Who can set bounds to the possibilities of man?   7.12
Wer kann den Möglichkeiten des Menschen Grenzen
setzen?

Once inhale the upper air, being admitted to behold   7.13
the absolute natures of justice and truth, and we
learn that man has access to the entire mind of the
Creator, is himself the creator in the finite.
Wenn wir einmal die obere Luft einatmen und die
absoluten Naturen der Gerechtigkeit und der Wahrheit
betrachten dürfen, lernen wir, dass der Mensch Zugang
zum gesamten Geist des Schöpfers hat, dass er selbst der
Schöpfer im Endlichen ist.

This view, which admonishes me where the sources   7.14
of wisdom and power lie, and points to virtue as to
Diese Ansicht, die mich mahnt, wo die Quellen der
Weisheit und der Macht liegen, und die auf die Tugend
hinweist wie auf

"The golden key   "Der goldene Schlüssel,

Which opes the palace of   Der den Palast der
eternity,"   Ewigkeit öffnet,"

9.1 carries upon its face the highest certificate of truth, because it animates me to create my own world through the purification of my soul.

trägt auf seinem Gesicht das höchste Zeugnis der Wahrheit, denn es animiert mich, meine eigene Welt durch die Reinigung meiner Seele zu schaffen.

10.1 The world proceeds from the same spirit as the body of man.

Die Welt entspringt demselben Geist wie der Körper des Menschen.

10.2 It is a remoter and inferior incarnation of God,

Sie ist eine entferntere und minderwertige Inkarnation Gottes,

10.3 a projection of God in the unconscious.

eine Projektion Gottes im Unbewussten.

10.4 But it differs from the body in one important respect.

Aber sie unterscheidet sich vom Körper in einem wichtigen Punkt.

10.5 It is not, like that, now subjected to the human will.

Er ist nicht, wie dieser, dem menschlichen Willen unterworfen.

10.6 Its serene order is inviolable by us.

Seine heitere Ordnung ist durch uns unantastbar.

10.7 It is, therefore, to us, the present expositor of the divine mind.

Sie ist daher für uns der gegenwärtige Ausleger des göttlichen Geistes.

It is a fixed point whereby we may measure our departure. 10.8

Sie ist ein fester Punkt, an dem wir unsere Abweichung messen können.

As we degenerate, 10.9

Je mehr wir degenerieren,

the contrast between us and our house is more evident. 10.10

desto deutlicher wird der Gegensatz zwischen uns und unserem Haus.

We are as much strangers in nature, as we are aliens from God. 10.11

Wir sind ebenso fremd in der Natur wie wir fremd von Gott sind.

We do not understand the notes of birds. 10.12

Wir verstehen die Töne der Vögel nicht.

The fox and the deer run away from us; 10.13

Der Fuchs und das Reh laufen vor uns davon;

the bear and tiger rend us. 10.14

der Bär und der Tiger zerreißen uns.

We do not know the uses of more than a few plants, as corn and the apple, the potato and the vine. 10.15

Wir kennen nur wenige Pflanzen, wie Mais und Apfel, Kartoffel und Wein.

Is not the landscape, every glimpse of which hath a grandeur, a face of him? 10.16

Ist nicht die Landschaft, von der jeder Blick eine Erhabenheit hat, ein Gesicht von ihm?

10.17 Yet this may show us what discord is between man and nature, for you cannot freely admire a noble landscape, if laborers are digging in the field hard by.

Doch das mag uns zeigen, welcher Zwiespalt zwischen Mensch und Natur besteht, denn man kann nicht frei eine edle Landschaft bewundern, wenn daneben Arbeiter auf dem Feld graben.

10.18 The poet finds something ridiculous in his delight,

Der Dichter findet etwas Lächerliches in seinem Entzücken,

10.19 until he is out of the sight of men.

bis er aus dem Blickfeld der Menschen ist.

CHAPTER VIII - PROSPECTS.

KAPITEL VIII - PERSPEKTIVEN.

1.1 **IN inquiries respecting the laws of the world and the frame of things, the highest reason is always the truest.**

Bei Untersuchungen über die Gesetze der Welt und den Aufbau der Dinge ist die höchste Vernunft immer die wahrste.

1.2 **That which seems faintly possible — it is so refined, is often faint and dim because it is deepest seated in the mind among the eternal verities.**

Das, was nur schwach möglich scheint - es ist so fein - , ist oft schwach und trübe, weil es im Geist unter den ewigen Wahrheiten am tiefsten verwurzelt ist.

1.3 **Empirical science is apt to cloud the sight, and, by the very knowledge of functions and processes, to bereave the student of the manly contemplation of the whole.**

Die empirische Wissenschaft neigt dazu, den Blick zu vernebeln und den Studenten gerade durch die Kenntnis der Funktionen und Prozesse der menschlichen Betrachtung des Ganzen zu berauben.

The savant becomes unpoetic. 1.4

Der Gelehrte wird unpoetisch.

But the best read naturalist who lends an entire and 1.5
devout attention to truth, will see that there remains
much to learn of his relation to the world, and that it
is not to be learned by any addition or subtraction or
other comparison of known quantities, but is arrived
at by untaught sallies of the spirit, by a continual
self-recovery, and by entire humility.

Aber der belesene Naturforscher, der seine ganze
Aufmerksamkeit der Wahrheit widmet, wird erkennen,
dass es noch viel über seine Beziehung zur Welt zu lernen
gibt, und dass dies nicht durch Addition oder Subtraktion
oder andere Vergleiche bekannter Größen zu erlernen ist,
sondern durch ungelehrte Streifzüge des Geistes, durch
eine ständige Selbsterkenntnis und durch völlige Demut
erreicht wird.

He will perceive that there are far more excellent 1.6
qualities in the student than preciseness and
infallibility;

Er wird erkennen, dass es weitaus bessere Qualitäten im
Studenten gibt als Genauigkeit und Unfehlbarkeit;

that a guess is often more fruitful than an 1.7
indisputable affirmation,

dass eine Vermutung oft fruchtbarer ist als eine
unbestreitbare Behauptung,

and that a dream may let us deeper into the secret of 1.8
nature than a hundred concerted experiments.

und dass ein Traum uns tiefer in das Geheimnis der Natur
einführen kann als hundert konzertierte Experimente.

2.1 For, the problems to be solved are precisely those which the physiologist and the naturalist omit to state.

Denn die Probleme, die es zu lösen gilt, sind genau die, die der Physiologe und der Naturforscher zu nennen unterlassen.

2.2 It is not so pertinent to man to know all the individuals of the animal kingdom, as it is to know whence and whereto is this tyrannizing unity in his constitution, which evermore separates and classifies things, endeavoring to reduce the most diverse to one form.

Es ist für den Menschen nicht so sehr von Belang, alle Individuen des Tierreichs zu kennen, als vielmehr zu wissen, woher und wohin diese tyrannisierende Einheit in seiner Konstitution kommt, die die Dinge immer mehr trennt und klassifiziert, indem sie versucht, das Verschiedenste auf eine Form zu reduzieren.

2.3 When I behold a rich landscape, it is less to my purpose to recite correctly the order and superposition of the strata, than to know why all thought of multitude is lost in a tranquil sense of unity.

Wenn ich eine reiche Landschaft betrachte, ist es weniger mein Ziel, die Ordnung und Überlagerung der Schichten richtig wiederzugeben, als zu wissen, warum sich jeder Gedanke an die Vielfalt in einem ruhigen Gefühl der Einheit verliert.

2.4 I cannot greatly honor minuteness in details, so long as there is no hint to explain the relation between things and thoughts;

Ich kann die Minutiösität der Einzelheiten nicht sehr ehren, solange es keinen Hinweis gibt, der die Beziehung zwischen den Dingen und den Gedanken erklärt;

no ray upon the metaphysics of conchology, of
botany, of the arts, to show the relation of the forms
of flowers, shells, animals, architecture, to the mind,
and build science upon ideas.

2.5

keinen Strahl auf die Metaphysik der Muschelkunde, der
Botanik, der Künste, um die Beziehung der Formen der
Blumen, der Muscheln, der Tiere, der Architektur auf den
Geist zu zeigen und die Wissenschaft auf Ideen aufzubauen.

In a cabinet of natural history, we become sensible of
a certain occult recognition and sympathy in regard
to the most unwieldly and eccentric forms of beast,
fish, and insect.

2.6

In einem naturhistorischen Kabinett werden wir einer
gewissen okkulten Anerkennung und Sympathie
gegenüber den sperrigsten und exzentrischsten Formen
von Tieren, Fischen und Insekten gewahr.

The American who has been confined, in his own
country, to the sight of buildings designed after
foreign models, is surprised on entering York
Minster or St. Peter's at Rome, by the feeling that
these structures are imitations also, — faint copies of
an invisible archetype.

2.7

Der Amerikaner, der in seiner Heimat nur Gebäude
nach ausländischen Vorbildern gesehen hat, wird beim
Betreten des Yorker Münsters oder des Petersdoms in Rom
von dem Gefühl überrascht, dass auch diese Bauwerke
Nachahmungen sind, blasse Kopien eines unsichtbaren
Urbildes.

2.8 Nor has science sufficient humanity, so long as the naturalist overlooks that wonderful congruity which subsists between man and the world; of which he is lord, not because he is the most subtile inhabitant, but because he is its head and heart, and finds something of himself in every great and small thing, in every mountain stratum, in every new law of color, fact of astronomy, or atmospheric influence which observation or analysis lay open.

Auch die Wissenschaft hat nicht genügend Menschlichkeit, solange der Naturforscher jene wunderbare Übereinstimmung zwischen dem Menschen und der Welt übersieht, deren Herr er ist, nicht weil er der subtilste Bewohner ist, sondern weil er ihr Kopf und Herz ist und in jedem großen und kleinen Ding, in jeder Gebirgsschicht, in jedem neuen Farbgesetz, in jeder neuen astronomischen Tatsache und in jedem neuen atmosphärischen Einfluss, den die Beobachtung oder die Analyse aufdeckt, etwas von sich selbst findet.

2.9 A perception of this mystery inspires the muse of George Herbert,

Die Wahrnehmung dieses Geheimnisses inspirierte die Muse von George Herbert,

2.10 the beautiful psalmist of the seventeenth century.

dem schönen Psalmisten des siebzehnten Jahrhunderts.

2.11 The following lines are part of his little poem on Man.

Die folgenden Zeilen sind Teil seines kleinen Gedichtes über den Menschen.

"Man is all symmetry,

"Der Mensch ist ganz symmetrisch,

Full of proportions, one limb to another,

Voller Proportionen, ein Glied zum anderen,

And to all the world besides.

Und für die ganze Welt außerdem.

Each part may call the farthest, brother;

Jedes Glied kann das entfernteste, Bruder nennen;

For head with foot hath private amity,

Denn Kopf mit Fuß hat private Freundschaft,

And both with moons and tides.

Und beide mit Monden und Gezeiten.

"Nothing hath got so far

"Nichts ist so weit gekommen

But man hath caught and kept it as his prey;

Aber der Mensch hat es gefangen und als seine Beute behalten;

His eyes dismount the highest star;

Seine Augen besteigen den höchsten Stern;

He is in little all the sphere.

Er ist in wenig die ganze Sphäre.

Herbs gladly cure our flesh, because that they

Kräuter heilen gerne unser Fleisch, denn das sie

Find their acquaintance there.

dort ihre Bekanntschaft finden.

"For us, the winds do blow,

"Für uns wehen die Winde,

The earth doth rest, heaven move, and fountains flow;	Die Erde ruht, der Himmel bewegt sich, und die Quellen fließen;
Nothing we see, but means our good,	Nichts, was wir sehen, bedeutet nur unser Gutes,
As our delight, or as our treasure;	Als unser Vergnügen, oder als unser Schatz;
The whole is either our cupboard of food,	Das Ganze ist entweder unser Vorrat an Nahrung,
Or cabinet of pleasure.	oder der Schrank des Vergnügens.
"The stars have us to bed:	"Die Sterne haben uns ins Bett gebracht:
Night draws the curtain; which the sun withdraws.	Die Nacht zieht den Vorhang zu, den die Sonne zurückzieht.
Music and light attend our head.	Musik und Licht begleiten unser Haupt.
All things unto our flesh are kind,	Alle Dinge sind gut zu unserem Fleisch,
In their descent and being; to our mind,	In ihrer Herkunft und ihrem Wesen; für unseren Geist,
In their ascent and cause.	In ihrem Aufstieg und ihrer Ursache.

"More servants
wait on man

"Mehr Diener warten auf
den Menschen

Than he'll take notice of. In
every path,

als er wahrnehmen will.
Auf jedem Weg,

He treads down that which
doth befriend him

Er zertritt das, was ihm
freundlich gesinnt ist

When sickness makes him
pale and wan.

Wenn die Krankheit ihn
blass und fahl macht.

Oh mighty love! Man is one
world, and hath

Oh mächtige Liebe!
Der Mensch ist eine
Welt, und er hat

Another to attend him."

eine andere, die ihn
begleitet."

The perception of this class of truths makes the
attraction which draws men to science, but the end is
lost sight of in attention to the means.   8.1

Die Erkenntnis dieser Klasse von Wahrheiten macht die
Anziehungskraft aus, die den Menschen zur Wissenschaft
zieht, aber das Ziel wird in der Aufmerksamkeit für die
Mittel aus den Augen verloren.

In view of this half-sight of science, we accept the
sentence of Plato, that   8.2

Angesichts dieser Halbherzigkeit der Wissenschaft
akzeptieren wir den Satz Platons, dass

"poetry comes nearer to vital truth than history."   8.3

"die Dichtung der lebendigen Wahrheit näher kommt als
die Geschichte."

8.4 Every surmise and vaticination of the mind is entitled to a certain respect, and we learn to prefer imperfect theories, and sentences, which contain glimpses of truth, to digested systems which have no one valuable suggestion.

Jede Vermutung und Vatikanisierung des Geistes verdient einen gewissen Respekt, und wir lernen, unvollkommene Theorien und Sätze, die einen Hauch von Wahrheit enthalten, verdauten Systemen vorzuziehen, die keine einzige wertvolle Anregung enthalten.

8.5 A wise writer will feel that the ends of study and composition are best answered by announcing undiscovered regions of thought, and so communicating, through hope, new activity to the torpid spirit.

Ein kluger Schriftsteller wird spüren, dass der Zweck des Studiums und der Komposition am besten dadurch erfüllt wird, dass er unentdeckte Regionen des Denkens ankündigt und so durch die Hoffnung dem erstarrten Geist neue Aktivität vermittelt.

9.1 I shall therefore conclude this essay with some traditions of man and nature,

Ich schließe daher diese Abhandlung mit einigen Überlieferungen über Mensch und Natur,

9.2 which a certain poet sang to me;

die mir ein gewisser Dichter vorgesungen hat;

9.3 and which, as they have always been in the world, and perhaps reappear to every bard, may be both history and prophecy.

und die, da sie immer in der Welt waren und vielleicht jedem Dichter wieder erscheinen, sowohl Geschichte als auch Prophezeiung sein können.

'The foundations of man are not in matter,   10.1

Die Grundlagen des Menschen liegen nicht in der Materie,

but in spirit.   10.2

sondern im Geist.

But the element of spirit is eternity.   10.3

Das Element des Geistes aber ist die Ewigkeit.

To it, therefore, the longest series of events, the   10.4
oldest chronologies are young and recent.

Für ihn sind daher die längsten Ereignisreihen, die ältesten
Chronologien jung und neu.

In the cycle of the universal man, from whom the   10.5
known individuals proceed, centuries are points, and
all history is but the epoch of one degradation.

Im Zyklus des universellen Menschen, von dem die
bekannten Individuen ausgehen, sind Jahrhunderte nur
Punkte, und die ganze Geschichte ist nur die Epoche einer
einzigen Degradierung.

'We distrust and deny inwardly our sympathy with   11.1
nature.

Wir misstrauen und verleugnen innerlich unsere
Sympathie mit der Natur.

We own and disown our relation to it, by turns.   11.2

Wir besitzen und verleugnen abwechselnd unser
Verhältnis zu ihr.

We are, like Nebuchadnezzar, dethroned, bereft of   11.3
reason, and eating grass like an ox.

Wir sind, wie Nebukadnezar, entthront, der Vernunft
beraubt und fressen Gras wie ein Ochse.

11.4 **But who can set limits to the remedial force of spirit?**
Aber wer kann der heilenden Kraft des Geistes Grenzen setzen?

12.1 **'A man is a god in ruins.**
Ein Mensch ist ein Gott in Trümmern.

12.2 **When men are innocent, life shall be longer, and shall pass into the immortal, as gently as we awake from dreams.**
Wenn die Menschen unschuldig sind, wird das Leben länger sein und ins Unsterbliche übergehen, so sanft, wie wir aus Träumen erwachen.

12.3 **Now, the world would be insane and rabid, if these disorganizations should last for hundreds of years.**
Nun wäre die Welt wahnsinnig und tollwütig, wenn diese Unordnung Hunderte von Jahren andauern würde.

12.4 **It is kept in check by death and infancy.**
Sie wird durch den Tod und die Kindheit in Schach gehalten.

12.5 **Infancy is the perpetual Messiah, which comes into the arms of fallen men, and pleads with them to return to paradise.**
Die Kindheit ist der immerwährende Messias, der in die Arme der gefallenen Menschen kommt und sie anfleht, ins Paradies zurückzukehren.

13.1 **'Man is the dwarf of himself.**
Der Mensch ist der Zwerg seiner selbst.

13.2 **Once he was permeated and dissolved by spirit.**
Einst wurde er vom Geist durchdrungen und aufgelöst.

He filled nature with his overflowing currents. 13.3

Er erfüllte die Natur mit seinen überfließenden Strömen.

Out from him sprang the sun and moon; from man, 13.4
the sun; from woman, the moon.

Aus ihm entsprangen Sonne und Mond; aus dem Mann die
Sonne, aus der Frau der Mond.

The laws of his mind, the periods of his actions 13.5
externized themselves into day and night, into the
year and the seasons.

Die Gesetze seines Geistes, die Perioden seiner Handlungen
äußerten sich in Tag und Nacht, in das Jahr und die
Jahreszeiten.

But, having made for himself this huge shell, his 13.6
waters retired;

Aber nachdem er sich diese riesige Schale geschaffen hatte,
zog sich sein Wasser zurück;

he no longer fills the veins and veinlets; 13.7

er füllt nicht mehr die Adern und Äderchen;

he is shrunk to a drop. 13.8

er ist zu einem Tropfen geschrumpft.

He sees, that the structure still fits him, but fits him 13.9
colossally.

Er sieht, dass die Struktur ihm immer noch passt, aber sie
passt ihm kolossal.

Say, rather, once it fitted him, now it corresponds to 13.10
him from far and on high.

Sagen wir lieber, einst passte es ihm, jetzt entspricht es ihm
von weitem und von oben.

He adores timidly his own work. 13.11

Er verehrt zaghaft sein eigenes Werk.

13.12 **Now is man the follower of the sun, and woman the follower of the moon.**
Jetzt ist der Mann der Nachfolger der Sonne und die Frau die Nachfolgerin des Mondes.

13.13 **Yet sometimes he starts in his slumber, and wonders at himself and his house, and muses strangely at the resemblance betwixt him and it.**
Doch manchmal schreckt er aus seinem Schlummer auf und wundert sich über sich selbst und sein Haus und sinnt seltsam über die Ähnlichkeit zwischen ihm und diesem.

13.14 **He perceives that if his law is still paramount, if still he have elemental power, if his word is sterling yet in nature, it is not conscious power, it is not inferior but superior to his will.**
Er erkennt, dass, wenn sein Gesetz noch überragend ist, wenn er noch elementare Macht hat, wenn sein Wort noch in der Natur gediegen ist, es nicht bewusste Macht ist, es ist nicht minderwertig, sondern höher als sein Wille.

13.15 **It is Instinct.' Thus my Orphic poet sang.**
Es ist Instinkt.' So sang mein orphischer Dichter.

14.1 **At present, man applies to nature but half his force.**
Gegenwärtig wendet der Mensch nur die Hälfte seiner Kraft auf die Natur an.

14.2 **He works on the world with his understanding alone.**
Er arbeitet an der Welt nur mit seinem Verstand.

14.3 **He lives in it, and masters it by a penny-wisdom;**
Er lebt in ihr und beherrscht sie mit einer Pfennigweisheit;

and he that works most in it, is but a half-man, and whilst his arms are strong and his digestion good, his mind is imbruted, and he is a selfish savage. 14.4

und derjenige, der am meisten in ihr arbeitet, ist nur ein halber Mensch, und während seine Arme stark und seine Verdauung gut sind, ist sein Verstand beschmutzt, und er ist ein selbstsüchtiger Wilder.

His relation to nature, his power over it, is through the understanding; 14.5

Sein Verhältnis zur Natur, seine Macht über sie, ist durch den Verstand;

as by manure; 14.6

wie durch Düngung;

the economic use of fire, wind, water, and the mariner's needle; 14.7

den wirtschaftlichen Gebrauch von Feuer, Wind, Wasser und der Nadel des Seefahrers;

steam, coal, chemical agriculture; 14.8

Dampf, Kohle, chemische Landwirtschaft;

the repairs of the human body by the dentist and the surgeon. 14.9

die Reparaturen des menschlichen Körpers durch den Zahnarzt und den Chirurgen.

This is such a resumption of power, as if a banished king should buy his territories inch by inch, instead of vaulting at once into his throne. 14.10

Dies ist eine solche Wiederaufnahme der Macht, als ob ein verbannter König seine Territorien Stück für Stück kaufen würde, anstatt sich sofort auf seinen Thron zu schwingen.

14.11   Meantime, in the thick darkness, there are not wanting gleams of a better light, — occasional examples of the action of man upon nature with his entire force, — with reason as well as understanding.

In der Zwischenzeit fehlt es in der dichten Dunkelheit nicht an Schimmern eines besseren Lichts, an gelegentlichen Beispielen dafür, dass der Mensch mit seiner ganzen Kraft auf die Natur einwirkt, mit der Vernunft ebenso wie mit dem Verstand.

14.12   Such examples are; the traditions of miracles in the earliest antiquity of all nations; the history of Jesus Christ; the achievements of a principle, as in religious and political revolutions, and in the abolition of the Slave-trade; the miracles of enthusiasm, as those reported of Swedenborg, Hohenlohe, and the Shakers; many obscure and yet contested facts, now arranged under the name of Animal Magnetism; prayer; eloquence; self-healing; and the wisdom of children.

Solche Beispiele sind: die Überlieferungen von Wundern im frühesten Altertum aller Nationen; die Geschichte Jesu Christi; die Errungenschaften eines Prinzips, wie in religiösen und politischen Revolutionen und in der Abschaffung des Sklavenhandels; die Wunder der Begeisterung, wie die, die von Swedenborg, Hohenlohe und den Shakern berichtet werden; viele obskure und dennoch umstrittene Tatsachen, die jetzt unter dem Namen des tierischen Magnetismus zusammengefasst werden; Gebet; Beredsamkeit; Selbstheilung; und die Weisheit von Kindern.

14.13   These are examples of Reason's momentary grasp of the sceptre;

Dies sind Beispiele für den momentanen Griff der Vernunft nach dem Zepter;

the exertions of a power which exists not in time or space, but an instantaneous in-streaming causing power.

14.14

die Ausübung einer Kraft, die nicht in Zeit oder Raum existiert, sondern eine augenblicklich einströmende, verursachende Kraft ist.

The difference between the actual and the ideal force of man is happily figured by the schoolmen, in saying, that the knowledge of man is an evening knowledge, vespertina cognitio, but that of God is a morning knowledge, matutina cognitio.

14.15

Der Unterschied zwischen der tatsächlichen und der idealen Kraft des Menschen wird von den Schulmännern glücklich dargestellt, indem sie sagen, dass die Erkenntnis des Menschen eine Abenderkenntnis, vespertina cognitio, diejenige Gottes aber eine Morgenerkenntnis, matutina cognitio, ist.

The problem of restoring to the world original and eternal beauty, is solved by the redemption of the soul.

15.1

Das Problem, der Welt die ursprüngliche und ewige Schönheit zurückzugeben, wird durch die Erlösung der Seele gelöst.

The ruin or the blank, that we see when we look at nature, is in our own eye.

15.2

Die Ruine oder die Leere, die wir sehen, wenn wir die Natur betrachten, liegt in unserem eigenen Auge.

The axis of vision is not coincident with the axis of things, and so they appear not transparent but opake.

15.3

Die Achse des Sehens ist nicht deckungsgleich mit der Achse der Dinge, und so erscheinen sie nicht transparent, sondern undurchsichtig.

15.4 The reason why the world lacks unity, and lies broken and in heaps, is, because man is disunited with himself.

Der Grund, warum die Welt keine Einheit hat und zerbrochen und in Haufen liegt, ist, weil der Mensch mit sich selbst uneins ist.

15.5 He cannot be a naturalist,

Er kann kein Naturalist sein,

15.6 until he satisfies all the demands of the spirit.

bevor er nicht alle Forderungen des Geistes erfüllt hat.

15.7 Love is as much its demand, as perception.

Die Liebe ist ebenso seine Forderung wie die Erkenntnis.

15.8 Indeed, neither can be perfect without the other.

In der Tat kann keines ohne das andere vollkommen sein.

15.9 In the uttermost meaning of the words, thought is devout, and devotion is thought.

In der äußersten Bedeutung der Worte ist der Gedanke fromm, und die Hingabe ist der Gedanke.

15.10 Deep calls unto deep.

Die Tiefe ruft nach der Tiefe.

15.11 But in actual life, the marriage is not celebrated.

Aber im wirklichen Leben wird die Ehe nicht gefeiert.

15.12 There are innocent men who worship God after the tradition of their fathers, but their sense of duty has not yet extended to the use of all their faculties.

Es gibt unschuldige Menschen, die Gott nach der Tradition ihrer Väter verehren, aber ihr Pflichtgefühl hat sich noch nicht auf den Gebrauch aller ihrer Fähigkeiten ausgedehnt.

And there are patient naturalists, 15.13

Und es gibt geduldige Naturforscher,

but they freeze their subject under the wintry light of the understanding. 15.14

aber sie frieren ihr Thema im winterlichen Licht des Verstandes ein.

Is not prayer also a study of truth, 15.15

Ist das Gebet nicht auch ein Studium der Wahrheit,

— a sally of the soul into the unfound infinite? 15.16

ein Streifzug der Seele in die unergründliche Unendlichkeit?

No man ever prayed heartily, without learning something. 15.17

Kein Mensch hat jemals ernsthaft gebetet, ohne etwas zu lernen.

But when a faithful thinker, resolute to detach every object from personal relations, and see it in the light of thought, shall, at the same time, kindle science with the fire of the holiest affections, then will God go forth anew into the creation. 15.18

Aber wenn ein gläubiger Denker, der entschlossen ist, jeden Gegenstand von seinen persönlichen Beziehungen zu lösen und ihn im Licht des Denkens zu sehen, gleichzeitig die Wissenschaft mit dem Feuer der heiligsten Gefühle entfacht, dann wird Gott von neuem in die Schöpfung eindringen.

It will not need, when the mind is prepared for study, to search for objects. 16.1

Wenn der Geist auf das Studium vorbereitet ist, braucht er nicht nach Objekten zu suchen.

16.2 The invariable mark of wisdom is to see the miraculous in the common.
Das untrügliche Zeichen der Weisheit ist es, das Wunderbare im Gewöhnlichen zu sehen.

16.3 What is a day? What is a year? What is summer?
Was ist ein Tag? Was ist ein Jahr? Was ist ein Sommer?

16.4 What is woman? What is a child? What is sleep?
Was ist eine Frau? Was ist ein Kind? Was ist Schlaf?

16.5 To our blindness, these things seem unaffecting.
Für unsere Blindheit scheinen diese Dinge keine Rolle zu spielen.

16.6 We make fables to hide the baldness of the fact and conform it, as we say, to the higher law of the mind.
Wir erfinden Fabeln, um die Kahlheit der Tatsachen zu verbergen und sie, wie wir sagen, dem höheren Gesetz des Verstandes anzupassen.

16.7 But when the fact is seen under the light of an idea,
Aber wenn die Tatsache im Licht einer Idee gesehen wird,

16.8 the gaudy fable fades and shrivels.
verblasst die bunte Fabel und schrumpft.

16.9 We behold the real higher law.
Wir erblicken das wahre höhere Gesetz.

16.10 To the wise, therefore, a fact is true poetry, and the most beautiful of fables.
Für den Weisen ist eine Tatsache daher wahre Poesie und die schönste aller Fabeln.

16.11 These wonders are brought to our own door.
Diese Wunder werden an unsere eigene Tür gebracht.

You also are a man. 16.12

Auch du bist ein Mann.

Man and woman, and their social life, poverty, labor, 16.13
sleep, fear, fortune, are known to you.

Mann und Frau und ihr gesellschaftliches Leben, ihre
Armut, ihre Arbeit, ihr Schlaf, ihre Angst, ihr Glück sind
dir bekannt.

Learn that none of these things is superficial, but that 16.14
each phenomenon has its roots in the faculties and
affections of the mind.

Lerne, dass keines dieser Dinge oberflächlich ist, sondern
dass jedes Phänomen seine Wurzeln in den Fähigkeiten und
Gefühlen des Geistes hat.

Whilst the abstract question occupies your intellect, 16.15
nature brings it in the concrete to be solved by your
hands.

Während die abstrakte Frage euren Intellekt beschäftigt,
bringt die Natur sie im Konkreten, damit sie von euren
Händen gelöst werden kann.

It were a wise inquiry for the closet, to compare, 16.16
point by point, especially at remarkable crises in life,
our daily history, with the rise and progress of ideas
in the mind.

Es wäre eine weise Untersuchung für den Schrank, Punkt
für Punkt, besonders bei bemerkenswerten Krisen im
Leben, unsere tägliche Geschichte mit dem Aufstieg und
Fortschritt der Ideen im Geist zu vergleichen.

So shall we come to look at the world with new eyes. 17.1

So werden wir dazu kommen, die Welt mit neuen Augen zu
sehen.

It shall answer the endless inquiry of the intellect, - 17.2

Sie wird die endlose Frage des Intellekts -

17.3 **What is truth? and of the affections, - What is good?**
Was ist Wahrheit? und der Gefühle - Was ist gut?

17.4 **by yielding itself passive to the educated Will.**
beantworten, indem sie sich dem gebildeten Willen passiv unterwirft.

17.5 **Then shall come to pass what my poet said;**
Dann wird sich bewahrheiten, was mein Dichter sagte;

17.6 **'Nature is not fixed but fluid.**
"Die Natur ist nicht fest, sondern fließend.

17.7 **Spirit alters, moulds, makes it.**
Der Geist verändert, formt, macht sie.

17.8 **The immobility or bruteness of nature, is the absence of spirit;**
Die Unbeweglichkeit oder Härte der Natur ist die Abwesenheit des Geistes;

17.9 **to pure spirit, it is fluid, it is volatile, it is obedient.**
für den reinen Geist ist sie flüssig, sie ist flüchtig, sie ist gehorsam.

17.10 **Every spirit builds itself a house; and beyond its house a world; and beyond its world, a heaven.**
Jeder Geist baut sich ein Haus, und über sein Haus hinaus eine Welt, und über seine Welt hinaus einen Himmel.

17.11 **Know then, that the world exists for you.**
Wisse also, dass die Welt für dich existiert.

17.12 **For you is the phenomenon perfect. What we are,**
Für dich ist das Phänomen vollkommen. Was wir sind,

17.13 **that only can we see.**
das können wir nur sehen.

All that Adam had, all that Caesar could, you have and can do. 17.14

Alles, was Adam hatte, alles, was Cäsar konnte, hast du und kannst du tun.

Adam called his house, heaven and earth; Caesar called his house, Rome; you perhaps call yours, a cobler's trade; a hundred acres of ploughed land; or a scholar's garret. 17.15

Adam nannte sein Haus Himmel und Erde; Cäsar nannte sein Haus Rom; du nennst deines vielleicht Schusterhandwerk, hundert Morgen gepflügtes Land oder die Mansarde eines Gelehrten.

Yet line for line and point for point, your dominion is as great as theirs, though without fine names. 17.16

Doch Linie für Linie und Punkt für Punkt ist deine Herrschaft so groß wie die ihre, wenn auch ohne schöne Namen.

Build, therefore, your own world. 17.17

Errichte also deine eigene Welt.

As fast as you conform your life to the pure idea in your mind, 17.18

Sobald du dein Leben mit der reinen Idee in deinem Geist in Einklang bringst,

that will unfold its great proportions. 17.19

wird diese ihre großen Ausmaße entfalten.

A correspondent revolution in things will attend the influx of the spirit. 17.20

Eine entsprechende Umwälzung der Dinge wird das Einströmen des Geistes begleiten.

17.21 So fast will disagreeable appearances, swine, spiders, snakes, pests, madhouses, prisons, enemies, vanish;

So schnell werden unangenehme Erscheinungen, Schweine, Spinnen, Schlangen, Ungeziefer, Irrenhäuser, Gefängnisse, Feinde verschwinden;

17.22 they are temporary and shall be no more seen.

sie sind vorübergehend und werden nicht mehr gesehen werden.

17.23 The sordor and filths of nature, the sun shall dry up, and the wind exhale.

Der Schmutz und die Unreinheit der Natur, die Sonne wird vertrocknen und der Wind ausatmen.

17.24 As when the summer comes from the south; the snow-banks melt, and the face of the earth becomes green before it, so shall the advancing spirit create its ornaments along its path, and carry with it the beauty it visits, and the song which enchants it; it shall draw beautiful faces, warm hearts, wise discourse, and heroic acts, around its way, until evil is no more seen.

Wie wenn der Sommer aus dem Süden kommt, die Schneebänke schmelzen und das Antlitz der Erde vor ihm grün wird, so wird der fortschreitende Geist seinen Schmuck auf seinem Weg schaffen und die Schönheit, die er besucht, und das Lied, das ihn verzaubert, mit sich führen; er wird schöne Gesichter, warme Herzen, weise Reden und heroische Taten um seinen Weg ziehen, bis das Böse nicht mehr gesehen wird.

17.25 The kingdom of man over nature, which cometh not with observation, -

Das Reich des Menschen über die Natur, das nicht mit der Beobachtung kommt, -

a dominion such as now is beyond his dream of God, - 17.26
eine Herrschaft, wie sie jetzt jenseits seines Traums von
Gott ist, -

he shall enter without more wonder than the blind 17.27
man feels who is gradually restored to perfect sight.'
wird er ohne mehr Verwunderung betreten, als der
Blinde fühlt, der allmählich zum vollkommenen Sehen
zurückkehrt.'

Möwenstein Books

www.mowenstein.com

Renowned Authors

H. G. Wells • Ernest Hemingway
H. P. Lovecraft • Lewis Carroll
Franz Kafka • Friedrich Nietzsche
Albert Einstein • Oscar Wilde
Hans Christian Andersen

Notable Works

Frankenstein • Alice in Wonderland
Heart of Darkness • The Great Gatsby
Siddhartha • The Metamorphosis
Thus Spoke Zarathustra

Translation Services

We offer translation services in various languages, including German, Spanish, Chinese, Korean, Arabic, and more. For custom translations or revisions, please contact us at:

Email: translation@mowenstein.com

Our Collections

Franz Kafka Collection

- The Metamorphosis / Die Verwandlung
- The Trial / Der Prozess
- The Castle / Das Schloss
- and many more...

Pakt mit dem Teufel

- Faust Parts I & II by Johann Wolfgang von Goethe
- Doctor Faustus by Christopher Marlowe

Portraits of Irishmen

- The Picture of Dorian Gray by Oscar Wilde
- A Portrait of the Artist as a Young Man by James Joyce

Children's Classics

- Winnie-the-Pooh / Pu der Bär
- Brothers Grimm Fairy Tales
- Fairy Tales Told for Children
    - Author: Hans Christian Andersen

Visit Us

At Möwenstein Books, we are committed to providing high-quality bilingual editions of classic works. Explore our collections and discover more titles across various genres and languages.

Website: www.mowenstein.com